這樣做，保證你有好工作

Good Job

求職必勝的20堂課

戴晨志——著

自序

不當人力，要當人才

——走過今生，要千萬認真

戴晨志

汶萊，是一個陌生的小國，也是一個產石油的富裕國家，人口只有三十多萬人。

一天，我接到了來自汶萊的電子信，一位李小姐邀請我到汶萊去演講：「戴老師，我看過您很多書，對您很崇拜，您可不可以來我們汶萊演講？我是以個人名義邀請您來我的公司，對員工演講……」

李小姐很熱情，她是馬來西亞檳城人，嫁到汶萊，也在汶萊展開她的事業；她經營高級的美髮事業，也經常邀請國外的美髮老師來對員工培訓。

「戴老師，您知道我為什麼請您來汶萊嗎？」在汶萊機場首次見面時，她對我說：「我在報紙上看到您到美里去演講（美里是距離汶萊約一小時車程的馬來西亞沙勞越州小鎮），我想去聽，可是我打電話去，他們說戴老師那場演講是對內的，不對外開放；他們竟然不讓我去……把我氣死了！後來我就想，你們不讓我去聽戴老師演講，我就乾脆把戴老師直接請到汶萊，專門來對我的員工做專題演講……」

李小姐一見面，就開心地講述著，她因「被拒絕」，反而促成邀我到汶萊的緣由。後來，汶萊國家電台的知名華語節目主持人也來了，我們一起參觀了李小姐的美髮中心，以及她的其他事業——兒童才藝教室、媽媽廚藝中心……

看著外表瘦弱、卻是精神飽滿的李小姐，我真是佩服。她雖是嫁到汶萊，卻志氣昂揚地在汶萊闖出了一片天；她相夫教子，也揹著氧氣筒潛入了海底，在深海裡潛水，而拍下了許多與海中巨大魚類潛泳的畫面和影片；她經營美髮、才藝等事業，讓自己的生命絕不空白。

你的故事是什麼？求職籌碼是什麼？

有些人，天天住在舒適圈裡面，抱怨景氣不好，埋怨找不到好的工作；也有人覺得自己很委屈，懷才不遇，沒有人欣賞他的才華，讓自己有志難伸……

可是，看到汶萊這位李小姐，因著想到美里聽我演講被拒，心裡很嘔，她就另闢戰場，把我邀請到汶萊；當隔日看到汶萊兩大中文報、兩大英文報，對我的大幅報導，以及員工好友對她辦活動的稱讚，李小姐說她開心極了。

國際極地超級馬拉松選手林義傑，在企圖征服絲路的道路上，曾遇上許多挫折，但他說：**「我必須跑下去，不然，故事就寫不下去了。」**

「我跑一步是一步，一步換一步；我每跑一步，就更接近回家的路了！」

的確。假若放棄，林義傑的故事就寫不下去了。可是，他堅持到底，他征服了撒哈拉沙漠、征服了大戈壁、征服了亞馬遜叢林、征服了南極冰原、征服了北極、征服了橫越古絲路一萬公里的挑戰……

「你的故事是什麼？」是精采的？還是不值一提的？

我們常怨天尤人嗎？常孤芳自賞嗎？常計較薪水不高嗎？常抱怨沒有知音、沒有伯樂欣賞你嗎？……我們有什麼精采故事來吸引別人呢？我們淬鍊出什麼實力，做為職場的籌碼呢？

其實，只要有勇氣，懂得自我鍛鍊，全世界都是我們生命的職場啊！

從昆明到麗江古城

前些日，我受中國平安保險公司之邀，前往雲南省麗江演講。由於時間的關係，我只能選擇晚上八點半的班機，從台灣直飛昆明；但班機延誤，抵達昆明時，已是半夜十二點半。一名約六十歲的老司機在機場接我，載我到一家大酒店休息，隔天一大早，又要趕九點半的飛機至麗江。

可是，這司機載我到那大酒店時，竟找不到路：「對不起，這地區是新發展的地域，我沒來過，不太熟……」司機一直繞路、一直打電話求助，可是，路上一片漆黑，他沒有酒店電話、也沒地址……最後，約半夜兩點半，才找到那家新開的大酒店。

「戴先生，您進去休息一下，我七點會準時在門口等您，送您到機場……」

「好吧，你也先回去休息。」我疲倦地說。

「哦，不，我就睡在車上……我不回家了，我回家要耗一個多小時，再過來，花時間又耗汽油……」

看著老司機的身影，我一陣心酸，也拉著行李進入了大酒店。

隔天，麗江古城到了。

湛藍的天空。哇，太不可思議了，沒有工業的污染，我已經好久沒看過如此令人欣喜的湛藍晴空了。

當天下午，我為平安保險的兩百多名頂尖壽險幹部上課；隔天，則是安排我在麗江各地旅遊。

一女導遊帶著我，坐車遊玉龍雪山，也看了知名導演張藝謀策劃的「印象麗江」歌舞節目表演。坐在貴賓區，看著以高聳玉龍雪山為背景，四、五百人氣勢磅礡的表演，真是令人讚嘆！

後來，在途中，女導遊很熱心地幫我介紹麗江歷史古蹟與文物，有時一時忘了，也一直稱呼我是「領導」。

唉，我什麼時候變成「高幹領導」了？我只是有幸來此演講、順便旅遊的「戴老師」啊！

「戴老師，我到月底就要辭職了。我累了，我當導遊十多年了，天天講同樣的話，介紹同樣的風景，我好累，我想休息……」女導遊幽幽地對我說。

「那以後妳怎麼辦？妳還有小孩……」

「以後再說唄……」

夢想是豐滿的，行動是骨感的

看著女導遊的眼神，我想起了前一天認識的一位平安保險的女總監——她曾經是成都一所大學的女副教授，但她竟放棄了人人羨慕的大學教職，投入不被看好的保險事業。別人罵她傻又笨、父母也不理她，但她堅定信念，專注努力從事保險；如今，她的收入早已超過大學教授數十倍了。

追尋幸福、理想，是每個人的渴望。

然而，**馬克斯說：「當歷史的列車轉向時，來不及調整的人，都會被拽出車外。」**在大環境快速轉變中，人若不思與時俱進、不主動淬鍊自己、推銷自己，很可能就會成為被列車拽出車外的人。

有人說：**「夢想是豐滿的，行動是骨感的。」的確，在這個世界上，有夢想的人很多，但願意真正用行動去追夢、造夢的人很少。**

人生的故事，有些人拿到好牌，打得很順手；但，有些人滿手爛牌，也不一定會輸，有時候反而是逆轉勝。人只要有目標、有思維、肯上進，則隨時都會有翻身的機會啊！

PART 1 你，做好求職準備了嗎？

求職第1～5堂課

PART 2

你，做過這些功課了嗎？

求職第6～10堂課

Contents

目次

PART 3

你，成功累積自信了嗎？

求職第**11**～**15**堂課

PART 4

你，站出去推銷自己了嗎？

求職第16～20堂課

Contents

目次

求職第1堂課　清楚自我興趣與優勢，發揮專長

求職第2堂課　誓言學好外語，扭轉自我命運

求職第3堂課　主動要求見習機會

求職第4堂課　要勇敢向高難度挑戰

求職第5堂課　勇敢向不必要的邀約說「不」

PART 1

你，做好求職準備了嗎？

求職第 1 堂課

清楚自我興趣與優勢，發揮專長

跨出去的腳步，大小不重要，
重要的是，找到一個最適合自己的方向。
所以，人要走對路，做對事；
千萬不要選擇——
薪水高，卻不喜歡的工作。

星期日，一大清早七點半，我坐捷運在公館站下車，步行到台大附近的工作室。途中，一中年婦人攔住我，用手指著不同方向，對我問道：「先生，請問，要到這一邊的教堂好，還是到那邊的教堂好？」

我愣了一下，心想——這邊？……往水源市場；那邊？……往新生南路……我當下對這婦人說：「往水源市場這邊，沒有教堂；妳要往那邊，新生南路方向有兩個教堂。」

婦人聽了，狐疑地問：「這邊的教堂不好嗎？……那邊的教堂比較好嗎？」

我看著這婦人的眼神，聽她講話，直覺她的精神有些不太對。我說：「不是這邊的教堂不好，而是往這邊走，是往市場，沒有教堂；往那邊走，才有教堂。」

婦人眼睛盯看著我，又問道：「那麼，是到『懷恩堂』比較好，還是到『真理堂』比較好？」

「噢，對對對，『懷恩堂』和『真理堂』都在那條路上；如果再往前走，還有個『靈糧堂』，三個教堂都很好，妳自己決定……」我指著新生南路的方向，對婦人說，也想快步離開。

可是，當我快要走入地下道時，這婦人又叫住我：「先生，你真的覺得這邊的教堂不好嗎？」她，又指著往水源市場的方向。

我耐住性子，再說一次：「不是這邊的教堂不好，而是往這邊沒有教堂，往那一邊就有三間教堂，三間教堂都很好……」

只要找到路，就不怕路遙遠

走過地下道後，我心裡一直想著那婦人。或許，她的精神狀況出了問題，她可能一直都在路口，向路人問同樣的問題。

此時，我的腦海裡出現了一句話：「只要找到路，就不怕路遙遠。」人，只要找到自我人生的目標和方向，就不怕這條路遙遠和崎嶇。然而，問題是——

▲ 眼前道路有很多條，掌握好自我目標，路再遠，我都不會迷失。

一、很多人找不到自己未來的方向。

二、很多人雖知道自我方向，卻不願積極、堅定、有毅力地走下去。

走到我的工作室，我換上了運動服和球鞋，再跑到台大偌大的校園裡運動。台大校園內，有椰林大道、有傅鐘、有濃密大樹、有森林系的漂亮花園、有小湖小鴨、有醉月湖、有林蔭小徑、有杜鵑花爭豔……

台大圖書館，是我年輕的時候，準備出國、考托福，整天唸書的地方。退伍後兩年，我天天泡在舊總圖書館內K英文；學成歸國多年後，在工作上有了些成績，我買下了台大旁邊四、五十坪的房子當工作室，也把超大的台大校園，當成是我自己的「後花園」，時常享受其中的悠閒、寬闊和靜謐……

人要走對路、做對事

真的，「只要找到路，就不怕路遙遠。」所謂方向，就是人要「走對路，

做對事」；要走對自我生命方向，不能迷惘、不能茫然、更不能渾噩！

有些大學生在網路上問我：「戴老師，我不知道自己的專長是什麼？也不知道自己將來要做什麼？」

可是，怎麼一個人唸到了大學，會連自己的興趣、專長、優勢都不清楚呢？哪些是你最感興趣、最想投入、不眠不休都願意去做的事呢？

每個人，「今天的我，都是昨天的我所造成的；明天的我，也都是今天的我所造成的。」

生命中的「貴人」不必遠求，「希望」也不在遠方。自己，就是自己的貴人和希望；自我的未來，都必須由自己來創造。

每個人都要精進用功，努力增加「就業競爭力」，才能讓自我的生命，更海闊天空。

也因此，找對方向，走對路，人生才會精采。

「跨出去的腳步，大小不重要，重要的是方向——一個最適合自己的方向。」

你可以這樣做

1

要清楚自己的興趣、喜好和職場方向。每個人的性向不同、個性不同、喜好也不同；但是，要想想——做哪些事，會讓自己做起事來心情很愉快、精神百倍、神采奕奕，也能做出好的成績？……哪些事情做起來，心情很痛苦、很討厭、很不喜歡？小時候，父親曾叫我學彈鋼琴，但我學起來很痛苦；不過，我唱歌、繪畫、書法、作文、演講……這些非學科部分都很強。所以，不要管別人的舌頭說什麼，你要清楚最適合自己的職場方向，而且「刻意勤奮練習」，努力去達成自己的就業目標。

2

寧可選擇「薪水少卻很喜歡的工作」，不要選擇「薪水高卻不喜歡的工作」。工作中的心情和態度很重要，如果你選擇薪水高、但心裡卻

不喜歡的工作，你一定不會盡心、賣力地去做它，你只會敷衍地去做完它，但你的心中一定不會有愉悅和滿足感。相反地，當你選擇薪水少、卻很喜歡的工作時，你會因為真心熱愛工作，而享受工作，也會抓緊每個學習的機會充實自己，並在受挫折中，虛心地汲取經驗，重新出發。這樣，因著熱愛工作，你就會愈來愈有表現，進而出人頭地。

3

主動找尋機會，積極接觸專業菁英。很多人都期待，在求職過程中，能有貴人相助；但，也有許多人怨嘆：「怎麼都沒有貴人來幫我？怎麼沒有人欣賞我？」其實，貴人一直都在我們身邊，天使也隨時環繞在我們四周；問題是——「你曾主動去找機會、找貴人、找天使了嗎？」教過你的老師，你常請教他們嗎？你常聽演講、參加研討會，而主動請教老師，結識專業菁英人士嗎？當你看到有些平凡的小人物，因著努力而獲得大獎、被媒體青睞而報導時，你願意主動去拜會、登門請教而結識他們嗎？請你在兩、三個星期之內，主動結識兩名專業菁英人士，也寫下你主動求見的心得。

Motto

人生必勝錦囊

❶ 生命中的貴人，不必遠求；希望，也不在遠方；自己就是自己的貴人和希望。

❷ 找對方向，走對路，人生才會精采。

❸ 所有的幸運，都是在你用心努力之後，才會發生的。

求職第 2 堂課

誓言學好外語，扭轉自我命運

經濟不景氣，
淘汰不爭氣

「知道」和「做到」是截然不同的。
很多人都「知道」，卻「做不到」。
要改善自己的生活、改變自己的命運，
光空想，是沒有用的，
要真正去做、去學、去實踐，才能如願。

一早，我應中部一補教團體邀請，前往演講。主辦單位告訴我，已有將近一千位補習班老師報名，會來聽我演講。

我真的很感謝，他們願意號召上千名在補習班任教的老師，一起來進修、相互學習。而我，以前年輕時也是補習班的常客，不管是考大學或是補習托福考試，總是常在南陽街補習班出沒……

當天，我在開車南下時，聽到廣播節目中，有個主持人講了這麼一個故事——

在南下的一列火車上，一個父親的懷中抱著一個小嬰兒，可是小嬰兒一直哭鬧不停，吵得旁邊的乘客也都不得安寧，無法安靜休息。

「不哭、不哭、乖……不要哭……」這父親一臉焦急，口中不斷地哄著小嬰兒，無奈小嬰兒就是哭聲不止，哇哇大哭。

這時，旁邊有婦人對這名父親說：「小孩大概肚子餓了，要泡牛奶

給他喝啦！」

這父親聽了，點點頭，仍繼續哄著小嬰兒：「乖，小寶貝，別哭……就快到家了……」可是，小嬰兒還是哭得很大聲。

「他大概尿褲子，要換尿布了啦！」另一個阿嬤轉過頭，對這位父親說道。

這父親聽了，還是一邊點頭，一邊哄著懷裡的小嬰兒。

小嬰兒持續不停地哭，實在令其他乘客厭煩，終於有個中年男人大聲說話了——「你這個做父親的，也真是的，人家建議你要泡牛奶給孩子喝，或是幫孩子換尿布，你看你，也不趕快去做，就讓孩子一直哭鬧，害得大家都不能休息……你總要想個辦法，讓孩子不要哭鬧啊……以後，你應該要叫你老婆來帶小孩才對！」

此時，只見這父親抱著小嬰兒站了起來，低著頭用台語跟大家說：「對不起啦，真歹勢……阮某前幾天出車禍，被車子給撞死，留下這個囝仔，我也不知道怎麼帶？……我最近又失業，還在找頭路……我現在要帶這個囝仔回去鄉下，叫阮老母幫忙帶囝仔……我出門時，太心急，忘了要帶奶粉，也沒有帶尿布，吵到大家，真歹勢……失禮啦……」

這父親含著眼淚、抿住嘴角，一直低頭向其他乘客賠不是……而懷中的小嬰兒，依然是哭鬧不止……

人生，有許多困頓、意外和不幸。

太太意外過世了，留下小嬰兒；而這爸爸失業了，正待業中，還要繼續找工作，賺錢生活，卻也不知如何帶小嬰兒……

我開著車，繼續在高速公路上往南下方向行駛。補教團體的演講，我知道，我不會遲到，因我總是讓自己在大型演講時，比正式開始的時間，提早一小時到達。

只是，我一邊開車，腦袋一直想著「這個火車上，父親抱小嬰兒的故事」……

馬蹄橋上之一景

突然間，我也想起——多年前，我應邀到天津市康師傅的公司演講，用過晚餐後，接待人員帶我到附近的南開大學散步。

走在校園裡，暗暗的，我看到旁邊一個湖，湖上有座橋，橋上有很多學生，男男女女聚集在那裡。

我搞不懂，這麼晚了，這些男女生擠在橋上，到底在幹什麼？身旁接待人員告訴我——「他們是在練英語！」

「天啊，練英語？」

「對，這些學生沒有錢上補習班，他們互相約定，上了這座橋，就要彼此用英語交談，來增進自己的英語能力……」

這時，我的心中突然震撼了一下。咱們台灣的學生，生活太優渥了，向父母伸手要錢，說要去補習英語、日語，可是去沒幾次，就懶惰了，就翹課了，不去了！英、日語學再多年，最終還是沒能學好。

在此冒昧地請問大家，你去補習班上課，全勤的請舉手！

幾年前，當我的母校美國奧瑞崗大學副校長張春生博士，來台灣開會、參訪時，我告訴他在天津南開大學親眼所見的情景。

他聽我說完後，突然很興奮地對我說：「戴老師，你知道嗎，我就是那所學校畢業的。我們唸書時，沒有錢上補習班，我們都是在那個橋上練習講英語……那個湖，叫『馬蹄湖』，每天早上、晚上都有許多學生在馬蹄湖的橋上練英語……」

誓言實踐，改變自己的命運

人的「基本功」很重要。有實力，才是最神氣。

多少人的夢想，終其一生，都沒有實現過；因為，人常是懶的，也常只有「夢」和「想」。但，只做「白日夢」和「空想」有什麼用？

當我受邀到中國西安市，在一場有外國人參加的保險大會上演講時，

▲ 沒錢出國、補習，大家一起說英語，ABC一樣嚇嚇叫！

有兩、三位年輕女生，幫忙把我演講的內容，現場口譯給外賓們聽。

我好訝異——「這些女孩子怎麼英語這麼好？她們是不是都剛留學美國回來？」我問該保險公司總經理。

「不，她們都沒有出過國，她們的英語，全都是靠自己努力練習的。」總經理說。

當我到北韓旅遊時，看見北韓的男、女導遊也都講得一口流利的華語。我問他們：「是不是有到中國留學過？」

「沒有啦，我們北朝鮮人哪能隨便出國？我們連一次都沒出國過。」導遊們說。他們知道，必須不斷地努力苦練，學會講一口流利的外語，才能改善自己的貧苦生活和經濟。

「知道」和「做到」是截然不同的。很多人都「知道」，卻「做不到」。要改善自己的生活、改變自己的命運，就要「誓言實踐」，用自己的行動和實力，找到更好的工作啊！因為——

「寧可辛苦一陣子，不要辛苦一輩子啊！」

你可以這樣做

1

你要誓言學好一種外語。外語能力是找工作時，讓你如虎添翼的利器。但除非你有心、有願、有積極行動，否則很不容易達成。你要有恆心，每天不斷背單字、聽廣播、練習寫短句、參加檢定……空想，沒有用，要真正去做、去學、去實踐，才能如願。

2

你可以找志同道合的朋友，像馬蹄湖橋上的男女學生一樣，相互約定用英語交談。當然，都是華人，要相約講英語、外語很難；但，就是一個誓言、一個決心、一個具體行動，否則怎能進步？

3

你可以找英語老師交談、找外國人交談，或上教堂參加英語聚會。我要出國唸書之前，曾到台北懷恩堂和陽明山的外國教堂參加聚會，也主動去認識外國人，習慣聽英語，並且試著開口講英語。勇敢跨出去，勇敢參加外國人的活動，你才能進步。

4

你可以主動參加英語演講比賽，強迫自己訓練英語。很多事用想的，都會覺得緊張、害怕；但我們就是要實際去做，去參加比賽，去克服難關！因為，「要控制困難，才不會被困難所控制。」

5

你要多學會唱外語歌曲、聽外語廣播。英文歌、日文歌，不管你學什麼語言，你就要去學唱這些歌。人，不必太貪心，一次只要學好一種語言就夠了，不必一次學太多語言。每天聽外語歌、聽外語廣播，自己也時常閱讀外語，自然而然，語言能力就會進步了。

6

你要每天開口大聲朗讀外語。外語不只是用聽、用看的，而是要用唸、用說的；只要強迫自己每天大聲朗讀外文，腦袋自然有文法的印

象，發音也就會逐漸的進步。

7 你可以上網，找外國筆友，也可以找到幫你批改外文作文的網站。

只要你用心寫好外文的文章放上網站，自然會有些有心的外國人會願意免費幫你批改，也糾正你的文法錯誤。（免費修改外語作文的網站：http://lang-8.com/）

Motto

人生必勝錦囊

❶ 經濟不景氣，淘汰不爭氣；沒有不景氣，只有不爭氣。

❷ 平時必須不斷地「突破舒適圈」，因為，「突破舒適圈，才能擴大自己的舒適圈。」

❸ 對自己不滿意，是一個人進步的首要條件。

求職第

3 堂課

主動要求見習機會

人的底子很重要，

基本功很重要，態度也很重要。

年輕時，要找到自己的興趣、找機會勇敢跨進去，

即使沒有薪水也沒關係，

「被人看見你的能力」是最重要，才能大展才華。

年輕時，我想走廣播電視這一行，從美國唸完碩士回台灣後，就首先報考台視，想當電視記者，可是沒被錄取。當然，心情是沮喪的。

在家中閒待一個禮拜後，我決定要「主動出擊」。當時，台灣只有三家電視台──台視、中視、華視。而記者的招考，只有台視公開舉辦，我沒被錄取；後來我寫了一封信給「華視新聞雜誌」製作人，希望我能到該節目「見習」。

我知道，我想進電視台，可是台視沒錄取我，而華視又沒公開招考，所以，我唯一的機會，就是毛遂自薦，先到電視台見習，慢慢尋求可能的機會。

我在信中告訴製作人，我留學美國，剛獲得廣播電視碩士學位返台，希望有機會到貴節目當一名「見習生」，即使沒有薪水也沒關係。

後來，製作人答應我的請求，讓我到「華視新聞雜誌」新聞性節目中見習，但沒有薪水。於是，我每天到電視台走動，但沒有自己的桌椅，只是跟別的前輩一起採訪新聞、打燈光，或看前輩剪輯影片，或幫忙攝影棚錄影……

說實在的，這樣的角色是很尷尬的。我拿了留美碩士學位，卻只在節目中見習，當個見習生，沒有座位、沒有薪水，只跟別人跑上、跑下，有時只暫坐在別人的座位上發呆……心裡偶爾會覺得不是滋味。別人，也沒有拿留美碩士，都已經是正式的員工，而我，卻只是無薪的見習生！

不過，我並沒有一直持續這樣的負面心態，我知道，想進電視台、想當記者是我的目標和興趣，只要我能堅持到底，做出好的成績，別人就可以看見你的認真態度和專業實力。

大膽初試啼聲，你要被看見

見習兩個星期過去了，製作人看我的態度不錯，後來就指派我到「台

東武陵外役監獄」，做一個十五分鐘的專題報導。

我與攝影記者大哥搭飛機到台東，又轉搭車子到偏遠的武陵監獄。在那裡，看到許多表現不錯的監獄受刑人，集體搭車到監獄外，去幫忙民眾鋪橋、造路，或幫忙農人收割稻米……也有表現甚佳的模範受刑人，家屬可以來會面，甚至可以與妻子在特別、特定的房子裡，共住一宿。

受刑人白天外出工作，晚上回到牢房寢室中服刑，這就是所謂的「外役監獄」。

節目製作完成、播出後，製作人與主管們對我的評價都還算不錯，也撥發七千元獎金給我。

那個月，我就只拿這七千元獎金過生活，經濟真的是很拮据、窘迫。可是，即使是這樣，我還是很開心，甘之如飴，因為，我相信——「我是會被看見的，我是會被賞識的。」

接下來，製作人連續四個星期都交給我採訪、製播的任務，我也都一一達成使命。後來，我就成為該節目的特約執行製作。

半年後，華視新聞部第一次公開招考記者，我主動報名，參加考試，最後我才以第一名的成績，成為華視新聞部的正式記者，也是我人生中一段很精采、很充實的經歷。

凡事主動，才會被賞識

其實，這些過程都已經是陳年往事、微不足道；可是，這卻也是我人生的一大轉折——這段過程讓我踏入了電視新聞圈，也認識了許多新聞界的好朋友。後來，我跑了司法、社會新聞，也到立法院、交通部、監察院……等部會採訪。

也因著兩年電視記者的實務工作經驗，讓我申請到美國奧瑞崗大學博士班的入學許可，後來，我才又赴美攻讀博士班，也因此改變了我一生的

▲ 抓住破出水面的感動——我要向飛魚看齊，乘風破浪，勇往直前！

命運。

很多年輕人想打工、想賺外快，這無可厚非；可是，有些時候，太急於賺錢，常斤斤計較薪水、待遇，以至於無法踏入你想要的工作領域。

人不要「急於賺錢，而疏於打底」。

人的底子很重要，基本功很重要，態度也很重要。年輕時候，要找到自己的興趣、找機會勇敢跨進去，即使沒有薪水也沒關係；「被人看見你的能力」才是最重要，才能大展才華，不是嗎？

也因此，凡事要主動爭取，積極出擊！

「主動，才不會掉入黑洞。」

「主動，才會被人賞識。」

「主動，才會有好運降臨。」

「主動，就能改變命運。」

你可以這樣做

1 當教授或前輩有需要幫忙時，要主動去幫忙、去服務、去學習。不要去計較「工讀金、待遇」有多少，要把它當「無薪見習」的大好機會，你的能力和才華，才會被看見。當你一直斤斤計較工讀金的多少時，你就失去許多主動學習的機會。

2 當你沒工作時，先想好你的興趣何在？你可以用心找家你喜歡的公司，勇敢、主動寫信給該公司主管，向他毛遂自薦，說你喜歡他們公司，願意「無薪見習」，只希望有一個學習的機會和環境。只要你踏進去，展現能力與認真態度，你就一定會被看見、被提拔。

3 剛畢業或暫時失業時，我們必須謙卑、虛心來面對求職。因這時候，我們手中的籌碼是比較少的，沒有辦法要求別人一定要錄取我們，或要求一定要有多少高薪、福利。此時，心態很重要——心存學習的態度，或毛遂自薦，主動爭取學習的環境，才能有機會慢慢被看見、被賞識。

Motto

人生必勝錦囊

❶ 光努力，不見得就會成功；但，只要勤奮努力，成功的機會就一定比較大。

❷ 在職場的社會大學中，是「無綱無本」的，必須隨時充實自己，不斷閱讀，才能應付無預警、隨時抽考的人生。（劉炯朗）

❸ 這個世界上，有夢想的人很多，但願意真正用行動去追夢、造夢的人很少。

求職第 4 堂課

要勇敢向高難度挑戰

人的「信念」，是一件很奇特的事。

它，是看不見的；

但，它引導著一個人，走向一生前進的道路。

有些目標和夢想，

你想要，你去做，你就得到。

曾經在報上看過一張新聞照片——日本有一家正在應徵職員的公司，為了測試應徵者的誠意、勇氣和毅力，特別將面試地點，從東京市區的冷氣房辦公室，移師到日本最高峰富士山的山頂。

天啊，面試的地點訂在富士山山頂，那……怎麼上去？答案是——你只要有心、有願、有渴望、有行動，你就上得了三千七百公尺的富士山，在那兒參加一次可以得到工作機會的面試。

這張從日本路透社發出來的照片，看到富士山的山頂，擺著一張長條桌，兩名公司的主考官，穿著雪衣，手拿著求職者的資料，面對著氣喘如牛、剛爬上富士山頂的年輕人，一一地面試。

這場面試，你不用穿筆挺西裝或漂亮洋裝，只要穿著輕便的衣服即可，要測試的是——「你的信心和勇氣夠不夠？你有沒有突破自我的決心？有沒有向高難度挑戰的毅力？」

▲為了喜歡的工作，只要有面試機會，即使翻山越嶺我都願意。

結果，一共有五十名大學畢業生接受了這項「最高」難度的面試，該公司也從中錄取了四名年輕人，成為他們公司的生力軍。

敢想、敢要、敢得到

我在想，如果叫我們爬上玉山，在那兒舉辦公司應徵的面試，給一份工作機會，我們去不去呢？

現在，那麼多人沒工作，但，只要勇敢爬上玉山，就有機會得到一份工作，而且工作地點是在台北市，我們要不要去呢？

有些人要，有些人不要！

或許也有人會覺得——「真是神經病啊，整人嘛……幹嘛那麼累，好無聊！」

可是，也一定會有人願意接受挑戰，用行動證明自己的誠意、勇氣和堅持，最後，得到了一份很棒的工作。

「信念造就一生，堅毅成就美夢！」人的「信念」，是一件很奇特的事。它，是看不見的；但，它引導著一個人，走向一生前進的道路。而這信念，可能是積極的、挑戰的；但也可能是懶散的、懈怠的……

有些目標和夢想，你想要，你去做，你就得到。那就是——「敢想、敢要、敢得到。」

相反地，你想要，但不去做，你放棄，你就得不到。因為，從「知道」到「做到」之間的距離，可以很近，但也很可能，你把它變得十分遙遠。

我有個朋友，學校廣播電視系畢業，想要在電台當一名播音員，可是，在台北，聲音好的播音員一大堆，哪裡輪得到他？沒有機會啊！不過，後來他得知，花蓮有個電台缺播音員，但，節目時段是在半夜三點鐘。

啊？……節目在半夜三點播出，誰聽啊？……別擔心，半夜還是有一群夜貓子是不睡覺的，還是有人會聽的。

所以，這年輕人就隻身到花蓮去，得到了這份播音員的工作。後來，他的表現不錯，聲音和主持功力被長官聽見了，所以，當台北總台有個播音員出缺時，他就被調回台北工作，現在，也成為一位知名的播音員了。

「放棄，只要一句話；

成功，卻需要一輩子的累積和堅持。」

「我們若選擇了輕鬆、偷懶，就可能選擇了懊悔。」

年輕時，找工作是人生的起步，我們都可以「向高難度挑戰」；即使，剛開始，工作的條件不盡如人意，包括上班地點、時間、待遇……可是，哪有一開始，就給你一個什麼都不太懂、沒啥經驗的小毛頭最好、最棒的待遇呢？

上一篇文章曾提到，我剛從美國拿廣播電視碩士回台灣時，毛遂自薦在「華視新聞雜誌」節目見習，沒薪水也無所謂。後來，有機會被試用做一、

兩集節目，才總算是小小嶄露頭角，被製作人看見我的能力。兩、三個月之後，才成為「特約」的執行製作，也才有稍微穩定的收入。

再沒過多久，採訪組缺專門跑「半夜突發新聞」的人手，上班時間是「晚上十點到隔天清晨七點」。哈，就像上大夜班一樣，你去不去？我，沒多加考慮，就接受了挑戰，被借調去專門跑半夜「酒駕車禍」、「惡夜火災」、「酒店鬧事」、「警察臨檢」……等突發新聞。

也因為有了這些見習、特約、跑半夜新聞的經驗，才能在第一次華視公開招考記者時，以第一名的成績，進入新聞部採訪組，成為正式的記者。

「心不難，事就不難。」

年輕時，就是要大膽接受挑戰，才會有更多的好運降臨在自己身上。

請您記得——「別一個人躲在角落哭泣、抱怨！」

要勇敢走出去，即使工作條件不如預期，但只要是你有興趣的，你就要勇敢面對它、接受它，向最高難度挑戰。

因為——「興趣＋自信＋行動＋堅持＝成功。」

你可以這樣做

1 主動開口，去找你最想做的工作，即使上班時間不如意，你也要接受。

年輕人剛畢業，沒有工作經驗，不容易找到好工作，所以，必須從最基層做起。人家不想要的大夜班，只要你有興趣，就可以去嘗試；雖然薪水很低，但，只要是你的夢想與渴望的起步，你大可不必計較。因為，你要的是經驗，而非長久的安身立命之地。請用歡喜心去接受它、挑戰它、克服它、學習它；改天你有經驗了，有更好的人脈，你就可以跳槽，不然，也可能被挖角了。

2

剛開始找工作時，不要一直強調「待遇」與「福利」。想想看，以前的人當學徒，拜師學藝，是沒有薪水的，有師父願意教導，有得吃、住，能學習功夫和技藝，就已經很不錯了；當學徒，必須虛心熬過多年的沉潛與苦學，有一天才能「出師」，也才能擁有自己的世界。所以，只要是你的興趣所在，即使沒啥好的待遇和福利，你也要去努力「練功」，去學習屬於自己的專業技能，這樣，你的能力和才華才會被人看見。

3

「人一出現、一開口說話，就是自己的廣告」，所以，求職面談時，要熱情洋溢，笑臉常開。有些人在面談時，面無表情，不會笑；有些人則是一副昨晚打麻將，一夜沒睡、懶懶的樣子；也有些人空手去面談，手中沒有任何的資料……但是，也有人精神抖擻，服裝儀容端莊、整齊，談吐優雅、面帶笑容、充滿自信！假如，你是主考官，你會喜歡哪些人？答案是很明顯的。請你記得——「人一出現、一開口說話，別人就在給我們打分數和評價啊！」哪個學校畢業，沒那麼重要，重要的是你的積極態度、樂觀燦爛的笑臉，以及從容自信、不卑不亢的談吐。

Motto

人生必勝錦囊

❶ 要找到自我興趣，貫徹到底地去發揮，就能活出屬於自己的精采人生。

❷ 每一次的「起」，都是自己滿腔的期待；每一次的「落」，雖心中有難過，但也是下一個期待的開始。

❸ 人，若選擇了輕鬆、偷懶，就是選擇了懊悔。

求職第 5 堂課

勇敢向不必要的邀約說「不」

專注於一，
才能拿第一

知道「P = P - I」這公式代表什麼意思嗎？

Performance = Potential - Interference

也就是說，一個人的「成就表現」，

是由自己的「潛力」，

去扣掉自身的外務「干擾」，而計算出來的。

二〇一一年，寒假過年期間，我帶孩子到美國佛羅里達州去旅行。佛羅里達是美國最東南角的一州，也是緯度最低的一州；當酷寒的天氣籠罩、大雪襲擊全美時，只有佛羅里達州陽光普照，沒有被大雪侵襲。

到佛羅里達州旅行，有一個景點是非去不可，那就是「NASA」——美國「太空總署」的所在地，也是美國火箭、太空梭發射的地點——甘迺迪太空中心（Kennedy Space Center）。這也是我們經常從電視新聞上看到，美國歷年來發射火箭、太空梭的真實現場。

選擇佛羅里達的卡拉維爾角，當NASA發射太空梭的地點，是因為該地人煙稀少，也比鄰大西洋，佔地共有五十六萬多公頃；這地區，有陸地、有海洋、有沼澤，還有國家野生動植物保護區。當我們坐在該中心導覽車上時，還可以看到河岸旁有真實野生的鱷魚們在沼澤旁曬太陽。

在甘迺迪太空中心，我和孩子一起坐上模擬太空艙；我們幾乎是仰角躺著，坐在小座艙中，親身感受火箭「咚、轟隆、轟隆……」衝向太空，也衝向藍天穹蒼的獨特體驗。

當然，模擬太空艙，只是讓遊客感受太空人坐在狹窄座艙中升空的感覺，真正的太空人，必須經過無數次「無重力狀態」的演練，連太空人、水、小湯匙、工具箱……任何大小東西，都是飄浮在半空中——那是我們一輩子都無法感受到的景象。

挑戰自我，邁向巔峰

太空中心展場中，有許多發射升空後，平安返回地球的真實太空梭展示；也有太空人的衣物、每天寫的日記；以及太空人阿姆斯壯第一次踏上月球的珍貴實況影片，和當天全世界各大報不同文字的頭版、頭條新聞報導……這些，都是真真實實的歷史記錄。

當時，最讓我悸動的是，太空梭在倒數升空數秒——「十、九、八、七、六、五、四、三、二、一、發射……」後，熊熊火焰燃起，龐大的太空梭載著太空人緩緩升空的畫面。

太空梭載著太空人，載著人類的希望，衝向天際、衝向不可知的外太空。我們從電視上看到火箭在穹蒼藍天中清楚劃過，所經過的路線，都留下一長條白色的尾巴和印記。

然而，這些太空人是不是都能夠平安歸來、安全返回地球呢？不知道！因為，也有太空梭升空後不久，就在眾目睽睽之下，發生慘烈的爆炸，地面上的家屬當場看著自己的親人，在藍天白雲之中，在滿懷希望之中，粉身碎骨、壯烈犧牲、因公罹難。

也因此，NASA太空中心的角落，有一面高大的大理石「紀念牆」，上面追悼著許多懷抱太空理想、積極投入航天工作而殉職的太空人，以及不為人知的偉大工程人員。看著那些太空人的遺照，和悼念的花籃，令人不禁感慨萬分。

事實上，每個太空人心中所堅信的，都是「挑戰自我、邁向顛峰」的信念與勇氣；他們明知，未來是不可測的、是有危險的、是有變數的，但是，他們都滿懷著理想，坐上太空艙，奔向那沒空氣、沒動力、沒家人陪

▲ 我的夢，也是全人類的夢，就在這一片藍色星際。

伴的幽暗星際。他們為了人類，勇敢選擇了「探知不可預測的未知世界」，也為人類跨出探索外星球的一大步。

太空人成功的特質

在NASA太空中心，讓我感受到，每個太空人都有其成功的特質：

一、**目標是明確的**——他們知道，自己要做什麼？追求的是什麼？要完成什麼任務與使命？

二、**信念是堅定的**——他們堅信自己所做的事，都是有益人類的事，絕不動搖信心，也不虛度光陰。

三、**行動是積極的**——他們經年累月充分準備，放棄休假，積極自我訓練，絕不敷衍。

四、**態度是專注的**——他們不遲疑、不畏縮，定睛於任務，使命必達，直到成功返航為止。

其實，在職場上，只要我們有太空人的特質與意志——有「明確的目標」，有「堅定的信念」，有「積極的行動」，有「專注的態度」，哪會有不成功的道理呢？

你的旁騖多不多呢？

人家一邀約，你就出去玩樂、唱歌、逛街、夜遊、聊天，或打電動、上網、MSN，或一直看手機、打簡訊，或APP一大堆……你能不能減少自己的外務、旁騖，多專注在你眼前的目標？

「專注，是成功的必要條件。」

「專注於一，才能拿第一！」

一個人的態度專注、行動積極，才能讓自己更傑出。所以，對有些外務和不必要的邀約，要勇敢說「不」，你才能更專心、更專注，做出最棒的自己。

你可以這樣做

1

請你用心想想，哪些事情，曾是你最想做、卻沒去做的？例如，你想要出國去旅行，卻不了了之？你想繼續進修，卻偷懶放棄了？你想創業，但最後無疾而終？你想參加比賽或考試，卻遲遲未能行動？……請你用筆寫下來，也省思一下——為什麼我放棄了原先的夢想和計劃？為什麼我總是不能勇敢地完成目標？我是否需要學會更多的堅持？

2

再請你想一想，現在，你還有哪些目標，對你是有幫助、也是你必須要去做的？你一定要馬上去做。你知道嗎，在寫這篇文章的這個時刻，是清晨六點半鐘，我獨自一個人到了辦公室，來寫下這篇文章。因為，我九點前必須從台北趕到新竹演講，但我的目標是——今天清

晨，一定要完成這一篇稿子，所以，即使犧牲睡眠、提早起床，我也要讓自己「使命必達」。我，可以選擇繼續睡覺，改天再抽空寫稿子，但我相信：「拖延、偷懶，將讓自己一事無成。」人，就是要「即知即行」，去做了，就離成功更近一步！

3 要向不必要的邀約，勇敢說「不」！

送給大家一個公式「P＝P－I」。這句話是什麼意思呢？「P（Performance 表現）＝P（Potential 潛力）－I（Interference 干擾）」；也就是說，一個人的「成就與表現」，是由自己的「潛力」，去扣掉自身的外務「干擾」，而計算出來的。所以，我們都要專注、用心，減少一些雜務和不必要的邀約（干擾），朝著自己的目標積極行動。當我們有一些吃喝玩樂的邀約時，我們可以大聲地向對方說：「不，謝謝！」畢竟，我們設定的渴望與目標，比吃喝玩樂還來得重要啊！如果，讓自己吃喝玩樂太多，也交了沒有目標和信念的朋友，可能就會誤了自己的一生！

Motto

人生必勝錦囊

❶ 正因為十分難以實現，所以「夢想成真」才會是如此的耀眼、珍貴。

❷ 不成功的人，只會一直抱怨連連；成功的人，則是不斷地為自己找尋新的出路。

❸ 一個人可以逃避現實，卻逃避不了它的後果；要勇敢控制困難，才不會被困難所控制。

Dr.Dai開習題 ①

Exercise

你是否具備外語能力，有勇氣給自己找學習的機會和環境？

● 外語能力高低，決定在求職潮中，你能否躋身於領先群？

● 寒暑假，你有想過找家喜歡的公司實習，搶先起跑嗎？

請打造屬於自己的外語學習環境，透過報章、媒體、網路、社團等管道，累積外語聽説讀寫的實力，並定期接受檢定，分階段取得各級合格證書。

多了解自己的興趣和專長，也多觀察、尋找適合的工作環境，並在寒暑假或待業期間，主動爭取無薪見習的機會，累積人脈，提高自己的經驗值與能見度。

求職第 6 堂課 用寫日記，鍛鍊文筆與毅力

求職第 7 堂課 擁有口才魅力，讓你脫穎而出

求職第 8 堂課 用專業證照與成績，證明你的實力

求職第 9 堂課 要專心聽演講，認真做筆記

求職第 10 堂課 主動爭取上台說話的機會

PART 2

你，做過這些功課了嗎？

求職第 6 堂課

用寫日記，鍛鍊文筆與毅力

不管你游的是蛙式、自由式、仰式或蝶式，

都可以讓自己抵達終點；

但，唯獨「立泳」，是無法讓自己前進的。

前進吧，

不要原地踏步，不要懶惰成性了！

曾經有個女大學生打電話給我，告訴我：「戴老師，我現在開始寫英文日記了耶！而且，我已經連續寫三個星期了喔！」

這女大學生想出國唸書，聽了我的建議，每天用英文寫日記。她說，寫英文日記時，什麼最難？——「寫第一個字最難！」

因為，只要坐下來拿起筆，寫了第一個字，就可以寫第二個字……第一段……第二段……而且，用你學過最簡單、淺顯的英文單字，把自己的想法和心情，有想到的都寫出來就行了；不會時，查查字典，也能夠溫故知新。所以，她講到最後，還說：「寫英文日記好像也不太難耶！」

的確，只要有心，任何事情都不會太難。以前唸專科時，我也是強迫自己寫日記，有時寫中文，有時寫英文。我知道，我自己兩次聯考沒考上大學，只唸專科學校；但是，我的「毅力」要比別人強。

寫日記，並不難，重要的是，要「有恆心、有毅力、有堅持」。當我在成功嶺受訓期間，即使在行軍、出操、打靶時；大熱天，全身流汗，但我坐在樹下陰涼處時；我仍然拿起身上口袋中的小筆記本，寫下自己的心情日記。

當我去看電影時，我帶著小手電筒進入電影院。為什麼？因為我要做筆記。例如，「力量來自渴望」這句話，就是我看外國電影時學到的一句話，我趕緊寫了下來；「辛」與「幸」，兩個字就只有差一橫而已——「辛苦過後，必有幸福來臨。」這個觀念，是我看日本電影時的一段劇情，是日本父親對兒子所講的一句話，所以我也把它記下來。

回家後，我會重新整理一天之中所學習到的「新觀念、新名言、新啟示……」，並且把這些新的知識與智慧寫在日記裡。

安靜自己的心，寫下一日學習心得

很多人問我：「戴老師，你怎麼有辦法寫那麼多本書都在排行榜上；

而且，你演講中那麼多的故事，是從哪裡來的？」

其實，若我有一些小成就，我要說，「寫筆記、寫日記」成就了我的一生。「寫」必須「靜」——我總是讓自己靜靜地看、仔細地觀察，也用心想、用力記，放在心中再三咀嚼，然後內化成自己的想法，也在適當的時候，把這些智慧「寫出來、說出來、用出來」。

人最怕的是——「靜不下來。」連靜靜地坐十分鐘，都沒有辦法。

應酬多、電話多、邀約多、看電視多、上網多……你看看，什麼時候我們可以坐下來靜心地思考，也寫寫自己的心情，或整理一下學習到的新智慧呢？

所以，台灣大學椰林大道上有個「傅鐘」，是台大校園的著名景點。這個傅鐘，白天上課的時候，每個整點都會敲出清脆的鐘聲「二十一響」。

為什麼是「二十一響」，而不是「二十四響」呢？相傳，是因為當時的台大校長傅斯年認為——「每個人每天都有二十四小時，但都要靜下三個小時來靜思，安靜來思考、默想，不能汲營、忙碌地度日。」

每天訂個主題來寫日記

寫日記，不是要自己每天記流水帳——「從早上的瑣事，記到晚上。」

寫日記，是讓自己靜一下心，想想——「今天有哪些重要的事？學習到哪些事情？有何挫折？有何歡喜？……」

「一艘船，除非它有目標和航向，

否則，不管是吹什麼風，都不會是順風。」

這句話，是我當學生時學到的一句話，我把它寫在日記裡，也把它背了下來。

蔣故總統經國先生也曾說：「只有在風雨之中成長的，才能挺立於風雨之中；也唯有在大時代中，寧赴一戰、不受奴役的人，才能做時代的主人。」

這些話，我也都寫在日記中，甚至讓自己經常背誦；也在作文比賽時，把這些話寫入作文之中。

▲ 白浪滔滔我不怕，風再大、雨再狂，我依然要挺立於風雨中！

我不是唸中文系的；但，寫日記對我而言，是欣喜的。我將報紙上看到的名言佳句，或是與長輩、朋友的書信（現在年輕人都用電子郵件），黏貼在日記本上，每天看著自己的日記本愈來愈豐富、愈厚實，心裡就感到很喜悅、很高興。

有時，我也會每天訂一個題目來寫日記，例如：「今天去聽一場演講，心得是什麼？」「去看一場電影，學習到哪些觀念？」「今天是颱風天，有什麼記憶、有什麼作為？」……每天我訂下一個主題，強迫自己寫一千字或一千兩百字（兩張稿紙），這樣，作文能力哪會有不進步的道理？

努力，就是天才；貪懶，就是庸才

游泳時，若學會「立泳」，就可以利用雙腳、雙手不停地在水中踢水，就能夠使自己「暫時浮在水中」，而不會下沉。

可是，游泳的人不能一直只在水中「立泳」啊！因為，不管你是游蛙

式、自由式、仰式或蝶式，都可以讓自己抵達終點；唯獨「立泳」，是無法讓自己前進的。

前進吧，不要原地踏步，不要懶惰成性了！

回首來時路，我發現，過去寫日記的好習慣，成就了我自己。

我不是天生就會寫文章，但，我讓自己「有發現力的眼睛」——用心看、用心思考，也用筆書寫、描述、記錄，再用嘴巴講述所見所聞……

哇，人不停地學習，是一件多麼快樂的事啊！所以——

「人只要用心學習、努力實踐，就是天才；
人若是貪懶懈怠，不思進步，就是庸才。」

你可以這樣做

1 每天抽空，靜下心，試著寫一短篇日記。當然，你要寫多少字都無所謂，只是寫下一些好的觀念、一句好的話、一件令你感動的事，或是自己的喜怒哀樂……。寫多長，沒有人會去管你，重要的是，你今天學到什麼？心情是什麼？不要冗長，不要太瑣碎、太囉唆，而是要有內容、有智慧。

2

你可以每天寫一件自己最快樂的事。每天，我們都會遇見很多不如意、不開心的事，但有一名女研究生跟我說，她現在每天都寫一件自己最快樂的事，每天翻閱日記本時，就會很開心。痛苦、難過的事，就讓它過去吧，遺忘吧！一直想難過的事，又何必呢？所以，寫快樂的事，讓自己開心、喜悅，也更有自信地迎向明天。

3

你可以不必把心情，全寫在臉書上。你每天都在臉書或部落格上，寫下許多自己的喜怒哀樂嗎？當然，你可以這樣做，但有時候不經意寫下的字眼、形容詞、怒詞、埋怨的詞句，都會有痕跡被記錄下來，

也會被別人看見；若寫了太多赤裸的心境，或對別人的批評，可能會增添一些（甚至很多）不必要的麻煩或人事糾葛。寫日記，是為自己的學習和進步而寫，不需要全部揭露給別人看。一個人，在臉書或部落格上「自我揭露」太多，被知道太多，或批評別人太多，也可能惹禍上身，我們不得不小心啊！

Motto

人生必勝錦囊

❶ 每一天，都是自己的磨鍊；寫日記，是磨鍊心志與毅力。

❷ 凡努力過，必留下痕跡；充實自我能力，比學歷更重要。

❸ 像金字塔一樣紮穩地基，人的腳步才能站得穩！

求職第

7 堂課

擁有口才魅力，讓你脫穎而出

唸報紙、唸文章是一件很快樂的事，

以前，我唸、唸、唸，一直唸，

有時唸到嘴巴都是白泡沫，

可是，我相信，我會進步，我會愈來愈好，

老天會看到我的努力，我的成就，就在那裡啊！

讀藝專廣電科時，我希望將來有一天，能當播音員或電視記者，所以我每天早上、晚上，或是白天，只要一有空，就拿起報紙來唸。我覺得，唸報紙、唸文章是一件很快樂的事，可以隨著文章的內容，用抑揚頓挫的音調，讓自己的聲音感覺很好聽。

當時，學校有「國語正音」課，我們在鄉下長大的孩子，國語都不甚標準，但是，我總是盡量讓自己隨時練習，盡可能大聲地唸出來。

有時候，文章唸得很生硬、沒感情，或斷句不對、發音不準、沒有段落感、太急促、太緊張……缺點一大堆。本來自己不知道自己的缺點，但經過錄音或請高人指點之後，就會發現到——本以為唸文章、唸新聞稿很簡單，但，想要唸得好，竟是如此的困難。

一有空檔，我總是找個空教室，自己拿文章一直唸；也在宿舍室友不在時，用錄音機錄下自己的聲音。後來，坐公車站立時，也看著車廂廣告，對著廣告詞，嘴巴唸唸有詞；或有座位時，也拿著報紙小聲地唸。真的，「當你心在哪裡，行動力就在那裡啊！」

人，只要有目標，按照自己的計劃去做，都是很開心的。而且，我也主動找廣播電台的名主持人，指導、糾正我的播音缺點。

也許有人會說，唸稿、朗讀幹什麼？很無聊、很無趣啊！可是，我並不這樣想。因為，各行各業都需要口才好的人，我如果口齒不清、不敢表達，甚至詞不達意，怎麼會有人注意到我呢？所以，我一拿到舊報紙、期刊、宣傳海報……只要有文字的東西，我就會習慣性地拿起來唸一下。

勇敢大聲朗讀，訓練自己的聲音

現在，我手邊有「二〇一一年台北海碩國際職業女子網球公開賽」的海報宣傳資料，其中有兩段球員與行政人員的介紹，我引用抄錄下來，請你試著大聲、且有音韻味道地唸一下——

一、重拾球拍，再次回到巡迴賽場上的日本網球選手伊達公子，以41歲的年紀，創造了女子網壇的奇蹟。但她身為職業選手的苦楚，和丈

▲ HOLD住夢想，看到文字就唸，總有一天我的聲音一定會被聽見。

夫聚少離多的處境，是外界無法想像的辛苦。

年齡的增長，絲毫未影響伊達公子的表現，她再次打進單打八強；當她談起如何在長期的賽事之中，保持充沛的體力時，她笑著說：「多睡一點，好吃的東西多吃一點，還要泡澡放鬆，但最重要還是充足的睡眠。」

伊達公子說，外界常常認為選手到世界各地比賽很過癮，好像可以周遊列國，到處去玩；但她說：「選手場上打一、兩個小時，然後要練習，要按摩，其實真的沒什麼時間可以出去玩。」所以，第二次來到台北的她，並沒有太多時間到處走走，她說：「我連研究去哪玩的時間都沒有。」伊達公子在球場上不放棄的精神和敬業，即使41歲了，也從來沒有改變過。

二、海碩杯已經進入第五屆的賽事，本次首度引進了「優視覺地墊」和「鷹眼系統」；而促成這一切的重要推手，就是海碩運動創意總監韓

駿鎧。韓駿鎧表示：「我相信今年除了精采的球賽之外，觀眾也一定會發現許多創意設計的元素在裡面。」

「其實每年把規模做大，已經不是重點，重點是如何把規模的各個細節做到最好。」韓駿鎧說，本次海碩杯所有設計跟想法，都是整個團隊花相當多的時間討論設計出來。

韓駿鎧進一步表示：「我一直都認為，運動賽事除了比賽本身，整體的視覺設計上也是相當重要，所以今年引進新地墊；我們讓整體的設計感能與球場的顏色偏近，做出來的效果還不錯。」

對於明年的賽事，創意總監韓駿鎧認為，如何超越今年第五屆所呈現的高度，是必須去思考和突破的課題，但韓駿鎧強調：「請大家給我們時間，我們絕對會帶更好的賽事給大家。」

怎麼樣？你唸得好不好？順不順？……可能不是很順，但沒關係，請你再唸三次、五次。

你也可以拿著紅筆，把重點字先圈、畫一次，在名詞、動詞、形容詞的地方，加重音，或唸慢、唸清楚一些，同時，也要有味道、有音韻、有高低起伏、抑揚頓挫……

以前，我常一直唸，有時唸到嘴巴都是白泡沫，可是我相信，我會進步，我會愈來愈好，老天會看到我的努力，我一定可以當個播音員。

後來，我考中廣、警廣、正聲電台，但都沒有被錄取，我很挫折、也很難過；不過，我沒有放棄，即使到了美國唸書，我還是每天唸稿子、唸報紙。雖然，我沒有播音員美好的音質，但我相信只要繼續練習，總有一天我的聲音一定會被聽見。

擁有口才魅力，讓你如虎添翼

在美國碩士畢業回台，我以第一名的成績進入華視新聞部當記者，每天採訪新聞、配音、旁白，終於使得自己的聲音派上用場。雖然，我後來只當了兩年記者，即辭去職務，但現在我經常在全台各地、海內外演講，或在電台廣播，依然靠著自己的聲音，來與大眾分享我的心得。

我很開心，過去年輕時，天天讀報紙、朗讀的努力，讓現在的自己能派上用場，也成就了自己的一生。

「時間花在哪裡，成就就在那裡。」

親愛的年輕朋友，想找到好工作嗎？你自己的專業能力之外，你的聲音、口語表達能力也很重要。

你想「被看重」、「被聽見」，就必須趁年輕訓練好自己的聲音、表達力，以及口才魅力。

別以為唸報紙、唸文章是很無聊的事；你要有「基本功」——要有紮實、親和、令人愉悅的聲音和口語表達力，你就一定比別人更有機會脫穎而出，也更容易找到好工作。

唸吧，天天拿出文章用心唸吧！也要主動請教老師、前輩。「專業能力」和「口才魅力」，就是你一鳴驚人、脫穎而出的利器啊！

你可以這樣做

1

你要有心理準備，每天花至少三十分鐘朗讀或唸稿。不要排斥它，就像三餐吃青菜，或吃維他命，或許你不喜歡，但你要告訴自己，這些青菜、維他命對我的身體是有益的，不能不吃！所以，你每天都得靜下心來，找個安靜的地方，找一些報紙、文章、散文、新聞稿……不管什麼東西，只要有文字，你都可以拿起來唸。

2

你必須把朗讀、唸稿，當成一件很認真、很嚴肅的事情來看待。你要坐下來，拿起筆，把文章的重點字，先用紅筆做個記號，在旁邊輕畫一下，讓自己的眼睛，能先看見重點字。然後，再用心地朗讀一次。人名、地名、時間、數字、動詞、名詞、形容詞……都是重點字，要唸慢、唸清楚，不能含糊不清，也不能速度太快，務必讓別人很

清楚地聽得懂。同時，你的眼睛必須跑在嘴巴的前面，才不會唸得結巴、吃螺絲。

3

你要拿錄音機，把自己的聲音錄下來。剛開始，你會覺得不像自己的聲音，好像怪怪的，但，別懷疑，那就是你自己，錄音機是不會壞的。你聽聽自己聲音如何？——順暢嗎？自然嗎？流利嗎？有感情嗎？有味道嗎？重點有清楚表達嗎？……唸，繼續唸，只要練習，就一定會進步；而且，要唸到嘴巴出現白泡沫為止，哈！

4

你要主動找專業老師指導，也請老師聽你朗讀和唸稿的錄音，看有哪些地方需要改進？自己聽自己的聲音，並不知道缺點在哪裡；但專業的老師或播音員，一聽就可以點出缺點。不要害怕、或不好意思請別人指導；要勇敢開口、勇敢講話，才能知道自己的缺點何在？

5

或許你會問：「到哪裡找專業老師？」但，我只能告訴你——只要你有心、有願，就有力，就會有方法找到老師。只要你把找老師、練聲音的事，當成一件「很重要的事」，你就一定會找到願意指導你的老師。請記得——只要你態度誠懇、積極用心，就一定會感動別人，就一定有人願意指導你。

Motto

人生必勝錦囊

❶ 這個世界，並不是掌握在那些嘲笑者的手中，而是掌握在能經得起嘲笑與批評，並不斷往前走的人手中。（馬雲）

❷ 人的時間有限，不要為別人而活，要為自己的理想而活。

❸ 「我必須勇敢跑下去，不然故事就寫不下去了。」（林義傑）

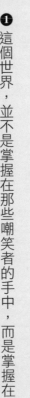

求職第

8 堂課

用專業證照與成績，證明你的實力

你要用專業證照，讓自己被看見。

空有「感動」沒有用，要有「行動」啊！

所謂「好運」就是──

「當機會來臨時，你已經做好萬全的準備了。」

曾受邀到台中一所高職演講，但因演講廳座位有限，所以校方決定讓各班學生「抽籤」，抽中籤的學生才能前來聽我的演講。哇，這真是令我訝異，因為很多學校的學生，有時是很「心不甘、情不願」地，被派來聽演講，並非主動想來聽我演講。

主動爭取，才能招來好運

那場演講，氣氛極好，學生們非常用心聽講、寫筆記；尤其是坐在第一排中間的一名男生，眼神更是專注、全神投入。他在一開講前，就主動送給我一張他親手做的大卡片，我沒時間看，就順手放在西裝口袋裡。

演講結束、也為學生簽完名之後，學校主任陪著我離去。那名坐在第一排、送我卡片的男生，也主動過來說：「戴老師，我來幫您拿電腦、投影機。」

哇，這孩子真是乖巧、很有禮貌啊！

我們三人走著，主任對我說：「這學生本來是沒有抽中籤、不能來聽演講的，可是他一直來拜託我、求我，希望我能讓他請公假，進來聽演講；我看他這麼主動、積極，只好破例讓他進來……他很乖、很認真，雖然現在只有高二，但已經拿到十多張獎狀和證照了……」

一張卡片，一份情誼

我看著這男學生，皮膚黝黑，身高比我高；當別人都已走光，但他主動留下來幫我拿東西，並與主任在校門口向我揮手、道別。

回到辦公室時，脫下西裝，摸一下口袋，才發現——噢，對了，那男生送給我一張卡片，上面寫著大字：「有您真好！」

打開卡片，裡面是自製、可折合的一隻立體可愛青蛙。這男生寫著：

「戴老師，感謝您的書天天陪我睡覺，過去最痛苦的日子，如果沒有您的鼓勵，我沒有今天。在過去一年，我拿到校內外十多張獎狀和證照；您說得對，『力量來自渴望』，在最壞的時代，要做最好的自己！我因為太想見您，所以，今天突破重重困難才能來見您，希望您有空，能拿出這張卡片看看，也回信給我好嗎？……」

看著署名「汽車科二年級」羅同學的卡片，我的心裡深深感動。他雖然只是高職二的學生，但是他有別人沒有的「積極性」與「行動力」——

一、為自己創造機會。雖然沒抽中籤，但「只要開口，就有機會」，主動向主任要求，才能夠來聽演講。所以，凡事只要態度誠懇、極力爭取，就一定會感動老師！就一定會有機會，也會有好運發生。

二、勇敢坐在第一排，接近講師，讓講師留下深刻印象。很多人聽演講不願坐第一排，甚至坐在旁邊、或躲在後排，希望不會被講師點到名。但，勇敢接近講師，專注學習，才會讓講師看見啊！

三、主動送講師卡片，結個好緣。「凡事主動，就會有好運。」這男

▲ 一張卡片，一份情誼；機會，是靠自己創造的。

生在聽講之前，就用心製作卡片，也用心寫上心情與感謝，自然就會有個好緣分啊！

四、改變，就要敢變。他因勵志書內容的激勵，勇於改變與行動，一年內拿了十多張校內外的獎狀與證照。雖然，他現在只是高職二年級，但擁有多張職業證照，比空有大學文憑而沒有證照的人，來得強多了。

您的證照在哪裡？

您的專業肯定在哪裡？

您的「優勢」、「強項」是什麼？

不要埋怨自己找不到好的工作，趕快去想一想，我如何去報名考試，拿到自己的專業證照與成績證明？

空有「感動」沒有用，要有「行動」啊！

所謂「好運」就是——「當機會來臨時，你已經做好萬全的準備了。」

你準備好了嗎？你有多張證照與成績證明了嗎？你要用專業證照，讓自己被看見，而把自己推銷出去啊！

你可以這樣做

1. **你要主動找一些聽演講的場合，並盡量拉近與講師的距離。**所以最好能提早到會場，坐到前面幾排，甚至是第一排，把跟講師的距離縮到最短；如此一來，在聽講時，精神也會更專心、專注。

2. **你要心存學習的心，面帶微笑，或時而點頭，表示對講師的演講內容表示認同。**聽演講時，也可以適時善意的回應講師；這樣，必定會給講師留下深刻的印象。

3

在演講後的發問時間，你要勇敢舉手發問。但請記得，要用「請教」的口吻來向講師請益，而不是用質疑、挑剔的口吻來質詢講師。

4

在演講會之後，你可以勇敢走向前面講台，向講師簡單自我介紹，再主動向講師美言幾句。例如：「您的演講非常精采」、「收穫甚多」，表示對講師的演講肯定；並秀出你的筆記，大大稱讚講師……同時，你又準備一張卡片，送給講師，表示對講師的感謝，這樣講師一定對你印象深刻。

5

你也可以跟講師交換名片。同時，也誠懇地表示，希望有機會能再向講師請教，而且說到做到，即知即行。

6

爭取最高榮譽，做為自我實力的證明。想一想，「我有多少證照？我有多少優秀表現的獎狀、獎杯或獎牌？」如果沒有這些榮譽來證明

自己的實力，就要趕快充實自己，去爭取、去參與、去勇奪，因為，得獎的證明，有加分的作用，一定可以讓你在找工作時，「更有自信，更加亮眼，更有說服力」！

Motto

人生必勝錦囊

❶ 逆境，是上天賜給的禮物，要心存感謝。

❷ 人生不能只求六十分，必須不斷創造自我生命的附加價值。

❸ 人要「少抱怨，多實踐」、「少計較，常歡笑」，才能被別人器重。

求職第9堂課

要專心

聽演講，認真做筆記

學習這件事，

並非「缺乏時間」，而是「缺乏努力」……

發明大王愛迪生的成功，也是經過了很多的努力，

他曾說：「做事別看時鐘。」我覺得這句話滿幽默的。

而我也從中了解到：「專心做一件事的堅持」……

我很喜歡我的工作——寫作和演講。演講，有時很辛苦，不管是搭高鐵、開車或搭飛機，總是舟車勞頓，但不管再累，還是要打起精神站到台上去。

有時，太多的演講、開車，加上閱讀和寫作，使我的眼睛出現了血塊，看起來還真是嚇人。

不過，當看到台下六、七百人，或一、兩千人的聽眾時，我就會精神抖擻，愈講愈有勁。

而在演講最後，看到大家用心聽講、做筆記，我有時會「很多嘴」，當眾提到——誰願意寫一份「聽講心得報告」，我就幫你批改，但先決條件是：「明晨八點交報告。」

這麼「多嘴」，常是在學校演講。

因為，我看到台下的學生們如此認真，專心做筆記，想給他們鼓勵、打氣；但，這麼一來，我常收到三、四十份，甚至五、六十份學生熱情寫來的「聽演講的心得報告」。不過，當我批改著學生交來的心得報告時，有時心裡真的很感動。

有一回，一名高一的女孩寫道——

「我最喜歡戴老師您說的一句話是『力量來自渴望，成功來自堅持』。我是個容易懈怠的人，無法堅持……哈佛大學學生在夜晚仍勤奮不懈地用功讀書，他們用以下的話來勉勵自己：

『此刻打盹，你會做夢；此刻認真，你將圓夢。』

『貪睡時流下的口水，將會是你明日後悔的淚水。』

所以，我深刻體會到，學習這件事，並非『缺乏時間』，而是『缺乏努力』……

發明大王愛迪生的成功，也是經過了很多的努力，他曾說：『做事別看時鐘。』我覺得這句話滿幽默的，而我也從中了解到：『專心做一件事的堅持』……」

這高一女生又說，她國中的導師曾告訴她們：「當你想做好一件事時，你會想出一個方法；當你想要逃避一件事時，你會找出一個藉口。」

真的，一個人想要成就自己，會想盡各種辦法讓自己逐步邁向成功；如果懈怠、懶惰、逃避，那麼，就會找到許多藉口，來自我安慰、自我陶醉、自我合理化，並自我感覺良好。

這女生又在報告中說：「有志者，事竟成」，這句話大家常講，但很少人知道這句話是「漢光武帝」說的。

哇，太厲害了！我從來不知道「有志者，事竟成」是漢光武帝說的。我查了一下，果真如此。

當我批改著這份作業時，真是太興奮、太感動了！這高一女生竟是如此用心，除了記錄我在台上講的故事、佳句之外，又寫下許多她過去學到的名言、勵志佳句，讓這份報告充滿了「用心、智慧與驚奇」。

在報告的最後，這高一女生寫道——海倫凱勒曾說：「信心，是命運的主宰。」蕭伯納也說：「只要有信心，就能化渺小為偉大，化平庸為神奇。」而戴老師，您最激勵我的一句話是：「放棄，只要一句話；成功，卻需要一輩子的堅持。」

看到這麼棒的報告，真是無比開心。

也曾經有一次，在馬來西亞關丹市演講時，一女生在晚上十點給我簽完名之後，離開會場；但，她在隔天清晨七點半，即寫完兩份心得報告，送到飯店，請櫃檯轉交給我。這女孩在心得報告中寫道——

「凡事主動，就不會漸漸掉入黑洞！」

「一生短暫，要Win得漂亮！」

「還沒呈交出心得報告之前，我是個相信命運始終會作弄我的人，我會胡思亂想——或許會因某些原因，老天作弄我，而讓我交不出心得報告。

▲ 打盹做夢？認真圓夢？……我要把握當下，奮力一搏！

不過，也許現在，戴老師正在閱讀我這草草又花花的心得報告。請告訴我，我已扭轉了命運！」

看到這些認真、用心的聽眾，在聽完我的演講之後，還願意犧牲睡眠，完成心得報告撰寫，真是令人感動啊！

從這些聽眾的報告中，我又學習到許多人生的智慧，以及積極向上的動力。真的，「貪睡流下的口水，會是明日後悔的淚水」啊！

你可以這樣做

1 你要主動參加演講會，並且一定要做聽講筆記。聽演講，並非只是坐在現場聽，你還要盡可能把內容重點寫下來。不寫，耳朵聽過就忘

了，腦袋空空。但，只要你願意虛心聆聽、用心記錄，就一定會有很多收穫。所以，「超強的記憶，不如一支短短的筆。」

2

你除了要記講師的演講內容之外，也可以多觀察講師演講的優缺點。「觀察力」是很重要的。聽演講時，講師在台上的優點是什麼？他如何吸引聽眾的注意？他的方法是什麼？講了哪些笑話、哪些觀念……或是，講師有什麼缺點，讓聽眾呼呼大睡？如果換成是自己的話，要學老師的哪些優點、避免哪些缺點？

3

你可以寫下聽演講的心得報告，寄給講師看，請講師批閱。甚至，還可以投稿到報章雜誌、學校刊物，或是貼上自己的部落格。這些心得報告，包括了講師的演講內容，以及自己的感想、聯想，也可以是心靈的啟發。當講師接到你的報告時，一定會很感動。

4 你更可以將聽演講的心得報告，用英文（或其他語文）寫出來，或刊登出來。

就曾經有實踐大學的女大學生，把我演講的內容用英文寫出來，刊登在他們學校的英文刊物上。我相信，這是個鍛鍊，也是強迫自己進步的好方法。因為，在這過程中，你要有動力、有毅力，也要用力想、用心學，要請英文老師批改，再投稿到刊物主編手中。

我也相信——「用心的人，一定有用力的地方；老天，一定會看到你的用心和努力。」

Motto

人生必勝錦囊

1. 用心成就自己，即使被人嫉妒，也好過被人可憐。
2. 黎明前的黑暗是最黑的，但人不可以害怕這段黑暗，因曙光即將到來。
3. 「態度，決定高度；高度，決定格局。」

求職第
10堂課

主動爭取上台說話的機會

傻瓜多用嘴巴，聰明人多用腦袋

每個做老闆、主管的，
都期待自己的部屬，能坦率地提供意見、建言，
可是，如果你平常不找機會練習，
遇到機會時，總是閃躲、畏縮、不敢舉手，
你怎麼可能期待自己——
「突然有一天變成一個有大將之風、口才流利的人」？

在演講之中，我常會在播映一些短的影片之後，臨時隨機點名，請現場聽眾站起來，說出「看完影片的感想」，而且至少要說三十秒。

這樣的舉動，有些聽眾會很錯愕，覺得——「為什麼是我？……為什麼不是叫別人起來講？」或是，「為什麼我這麼倒楣，點到我……」有這種感覺的人，臨時被點名，站起來時，總是推託、扭捏，講得結結巴巴，或詞不達意，隨便說幾句，就講不下去了。

不過，也有些聽眾被我點到名時，心裡很開心，大大方方地站起來說話：「謝謝戴老師給我這個機會，我覺得，今天我是現場所有人之中最幸運的人，因為被老師點到名……剛剛看了戴老師播放的影片，我很感動，我覺得……」

看到這些大方、從容站起來說話的人，我很敬佩，因為他們沒有抱怨、沒有覺得倒楣，反而覺得自己很幸運，被老師點到名，有機會站起來，在大家面前講出心中的想法和獲得的啟示。

有些人聽演講，會躲在後面或角落，深怕被老師點到名；可是，也有

▲「選我、選我、選我……」勇敢站到前面，幸運自然會來敲門！

些人願意主動站起來發表意見——「選我、選我，為什麼不是選我……」

最近，我在對大學生演講時，常強調「聲音、表達」的重要性。因為，畢業後，你去求職找工作，你的口語表達能力、口齒清晰度，或說出來的聲音是否有令人愉悅、舒服的感覺？……內容是否有重點和內涵？……這些都是需要平時不斷地練習。

所以，有時我會準備一兩小段的文章，也在現場問道：「誰願意主動站到台前來，把這兩段文章，開口唸給大家聽？」

台下有些人，彼此看來看去，就是不敢自己舉手；不過，也有些學生，三、四個人同時勇敢舉手，害得我一時不知該請哪位同學上台唸稿？

主動舉手，就是挑戰自己；勇敢站出來，就是戰勝自己

看看小朋友，當老師問問題時，好多孩子都爭著舉手，都想搶答，期待發表自己的意見；可是，人的年紀慢慢增長，有時為了面子，不好意思

舉手、不好意思站起來講話，也怕自己講得不好會丟臉……

「孩子，爸爸（媽媽）喜歡看到你舉手的樣子！」我想，這句話，是為人父母的共同心聲。做父母的人，看到自己的孩子勇敢地舉著小手，期待站起來發表意見，心裡會是多麼欣喜啊！

所以，不要當一個「沒有聲音、沒有意見的人」，要勇敢舉手、主動表達，來訓練自己的膽識、文思組織能力；也讓自己在公共場合站起來說話時，神情從容不迫、態度不疾不徐、口齒清晰、台風穩健。

準備愈多，好運愈多

換個角度來想，假如你是個公司主管，你會希望自己的部屬是一個「沒有聲音、沒有意見、不敢說話、也不敢在公眾之中表達的人」嗎？

當然不會。每個做老闆、主管的，都期待自己的部屬，能坦率地提供意見、建言，也在公開表達時口才流利，顯示出具有大將之風。

可是，如果你平常不找機會練習，遇到機會時，總是閃躲、畏縮、不敢舉手，那麼，你怎麼可能期待自己「突然有一天變成一個有大將之風、口才流利的人」？

什麼叫「好運」？好運就是——「當機會來臨時，你已經做好萬全的準備了。」所以，「不怕沒機會，只怕沒準備。」

而且，「機會，只留給有準備、做好訓練的人。」

也請您相信——「準備愈多，好運愈多！」

你可以這樣做

1

當你去聽演講時，請你有心理準備——等一下若有上台機會，要立刻舉手上台；講師若問有什麼問題，也要舉手爭取發言的機會。如果願意主動上台，配合講師的需要，就會令講師印象深刻；如果願意主動站

起來發問，你就必須用心聽講，也在心中準備一些問題請教講師。

2

聽演講時，不要怕坐到前面；你可以勇敢與主管或知名人士打招呼，主動上前認識。曾有兩名女高中生在聽我演講時，坐在後面竊竊私語；我請其中一位女生坐到前排鎮長的旁邊。我對她說：「妳和同學講話，就聽不到我在台上講些什麼；現在，妳坐到鎮長旁邊就不會再講話了，而且，妳可以和鎮長認識，這是一個多麼好的機會啊！說不定以後鎮長會認妳當乾女兒啊！」其實，凡事就是個「機會」——愛講話，機會就消失了；閉上嘴，主動與知名人士認識，機會和貴人就會出現。

3

主動爭取成為社團幹部，也爭取更多上台說話的機會。當然，社團有大有小，但不管大小如何，只要當上社長、副社長、部長或幹部，都會有上台說話的機會。不過，上台說話是需要練習的，上台前多做些練習，表現就一定會愈來愈好，講得愈來愈精采。

4 你要練習多在台上講有趣笑話。有時候，人家叫我們講笑話，我們的腦袋空白，一個笑話也想不出來。也有時候，我們講笑話時一直笑，別人不知道我們在講什麼，一點都不好笑，也很可笑！為什麼？因為我們沒有練習講笑話。所以，平常要多準備、多練習講笑話，也講給不同人聽，一旦機會來臨，你就可以大大表現一番。

Motto

人生必勝錦囊

❶ 要多利用零碎的時間，訓練自己的專長。

❷ 多鍛鍊自我才華，多勇敢付出，未來一定會有回報的。

❸ 不要想著等「最好的」到來，而要把握當下，「把現在做得最好」。

Dr.Dai 開習題 ②

Exercise

你是否擁有口才魅力，並有隨時做筆記的好習慣？

● 你話說不清楚，無法順利溝通傳達，因此面試受挫嗎？

● 去聽演講，用耳朵聽，你有沒有準備紙筆，記下內容重點？

請養成朗讀文章的習慣，訓練自己的口齒、音調和口語表達能力；並多參加辯論、演講、朗讀比賽，聽取專家意見，讓自己成為擁有口才魅力的人。

「聽演講」是進修管道之一，請隨手做筆記，主動發問、結識講師，一來訓練自己的勇氣，二來容易內化吸收，也可以更貼近成功人士。

PART

3

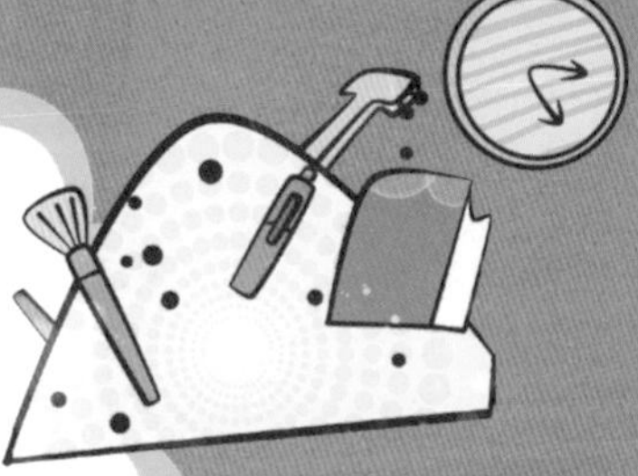

你，成功累積自信了嗎？

求職第 11 堂課

主動創造機會，認識菁英人士

挑戰自己，未雨綢繆

在災害還沒降臨之前，
在失業還沒來臨之前，
就必須鍛鍊好自己的武功，多充實自我實力，
才不會被災難打倒、不會找不到工作，
才有氣力爬往自己生命的天堂……

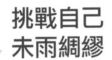

「哭泣無濟於事。如果我們現在身處地獄，唯一能做的事，就是努力向上爬，爬往天堂。」

——日本福島核災壯士之一．佚名

看到這句話，真是令人感動。

或許，曾經身在天堂，但有一天，突然地震、海嘯，引發核災，掉入了地獄……但，哭泣是沒有用的，能做的事，就是努力爬往天堂。

人生，就是如此。有人原本工作順利，家庭美滿，突然有一天，遭到公司裁員、被資遣了，沒有工作了，感覺像是掉入了地獄……；也有人大學畢業了，卻前途茫茫，找不到工作，不知如何是好？

然而，哭泣是沒有用的，必須振作自己、振奮自己，努力向上爬，爬往自己生命的天堂。

不過，人的「未雨綢繆」是一件很重要的事。在災害還沒降臨之前，在失業還沒來臨之前，就必須鍛鍊好自己的武功，多充實自我實力，讓自己擁有更多能力，才不會被災難打倒、不會找不到工作。

累積人脈，加強軟實力

在前幾篇中提到——「要主動找尋機會，積極接觸專業菁英」，現在，我想再做些補充。

在藝專唸書時，我常到校外聽演講，主動認識一些專家學者；也主動加入系刊編輯小組，參與編輯活動，向助教或學長姊請教如何編輯刊物？同時，也訂下計劃——盡可能多去採訪已畢業、有成就的傑出校友及廣電界主管；採訪後寫好的稿子，可以刊登在系刊，也可以刊登在校刊中。

這麼一來，我可以訓練自己的膽識、文筆，又可以結識傑出、頂尖的人士，同時累積自己的作品，做為將來求職的成果……這是多麼棒的事啊！

可是，很多學生平常寧願翹課、打工、談戀愛、上網……把時間都浪

▲ 有成就的傑出校友，點亮我人生的道路，也激勵我成就自己的一片天。

費掉了。人的時間寶貴，要花在有意義的事上，要讓自己努力爬往天堂啊！

訂下目標，強迫自己多做功課

也有學生說：「可是，我不知道要採訪誰呀？」唉，要用心、主動找尋對象呀！如果你連要採訪誰、可以請教誰都不知道，也都沒目標，表示你自己平時不用心、沒觀察，沒有找到可以學習的對象。

所以，在當大學生時，你可以試著強迫自己做到以下事項：

一、**每個月主動找一名傑出校友採訪**。同校、同系畢業的學長姊，對母系的學弟妹們，一定是有感情的，只要你願意開口，他們一定會樂意提攜學弟妹，願意接受你的採訪邀約。以前，我曾多次採訪在電台、電視台工作的學長姊，都未曾被拒絕。

二、**找校內外與你的興趣有關的教授、專業人士採訪**。例如，我曾主動找教育部官員談留學美國的相關問題；找心理學教授談大學生心理挫折

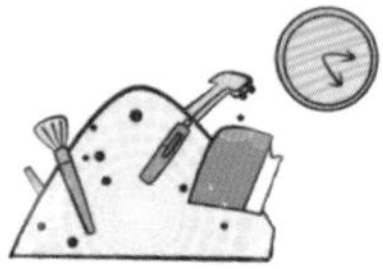

的問題；也找電視台經理、副總經理談廣電科系學生就業的問題；也找文藝界人士訪談寫作環境與技巧……也都被接納，未被拒絕。

三、事前必須做用心的準備。為什麼這些傑出人士在百忙之中，還要花時間接受你這個年輕學生的採訪？因為，你有做充分準備，真誠地研究過對方的學經歷、專業背景，以及成功的事蹟，也詳列採訪提綱傳真給對方，讓對方感動，讓對方覺得你是個用心、認真的人。假若你完全沒做準備，別人幹嘛花時間接待你？

四、見面要採訪什麼？你必須要有主見、有思維、有做功課，採訪才不會膚淺，才會有內容。而且，最重要的是，採訪之後，你寫出的報導內容一定要加以「刊登出來」，讓對方覺得花那些時間是值得的、是可以幫助更多年輕人的。所以，你要透過系刊、校刊，甚至校外媒體刊物，將受訪者的經驗與智慧報導出來，這樣別人就會願意接受你的訪談。

五、採訪過後，寫出精采文章刊登出來，這些就是你的「成績」。你再把這些書面成績，親自送給被訪問者，這麼一來，他們哪有不高興的道理？他們怎會不記得你？所以，只要你一篇篇累積你的成績，也就是在累積你的人脈；而這些成績與人脈，也就是你未來求職時，能被看見的最好作品與表現啊！一旦你有了「作品集」，有過「與傑出人士的互動」，別人就會看到你積極、用心、認真、主動的精神。

真的，哭泣無濟於事，趕緊下定目標，用真心、誠意與積極的行動，一定可以讓自己努力爬到天堂！

你可以這樣做

1 你可以到系辦公室詢問祕書、助教，有哪些已畢業的傑出校友、系友？

你只要有他們的姓名，就可以主動上網查詢他們的相關背景資料——哪些年畢業？現在的專業是什麼？特殊成就是什麼？公司電話、地址為何？有哪些著作、傑出事例、得獎事蹟……當你查詢好

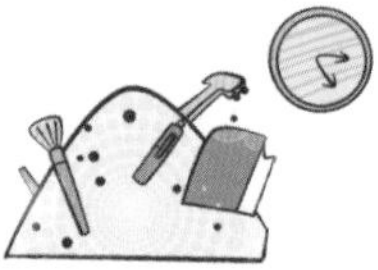

相關資料，你就要訂下你的訪談提綱，主動去函或致電，誠懇地提出訪談的計劃和需求。

2 你可以向系刊、校刊或坊間的雜誌社，提出你的採訪構想，並請求刊登事後的採訪稿。

當你向傑出校友或專業人士提出採訪的要求時，若能跟對方說，採訪稿會刊登在系刊、校刊或相關刊物時，受訪者會覺得，他花時間受訪是有價值的。如果提出的採訪，純粹為了你個人的作業或練習，你的採訪要求極可能被拒絕。所以，你最好以「系刊、校刊」實習記者的身分提出請求，也答應刊登出採訪稿，對方就比較不會拒絕你。

3 你在採訪時，記得一邊錄音（須先獲得對方同意），也必須一邊寫筆記。

採訪時，不能太過度依賴錄音，因為錄音機有時會出狀況；而且，一邊聽，一邊寫筆記，才會讓對方覺得受到尊重，也才能感受到你的認真態度。同時，你也必須拍照，並將照片一起刊登出來。

4

將採訪稿寫完後，你必須先主動請老師為你批改、提供意見，自己再加以修改。千萬不要害怕自己的文章被別人看、怕被別人笑。寫好稿子，趕快請刊物主編或指導老師過目，有需要修改的地方，虛心改進；最後，再將刊登出來的稿子，親自送（或寄）去給受訪者。哇，好開心哦！使命必達，你做到了！

Motto

人生必勝錦囊

❶ 加強寫作能力，你每周至少要寫作一篇。

❷ 走路要找難路走，挑擔要揀重擔挑。

❸ 「成功吸引成功。」想成功，就要結識成功人，學習成功的態度。

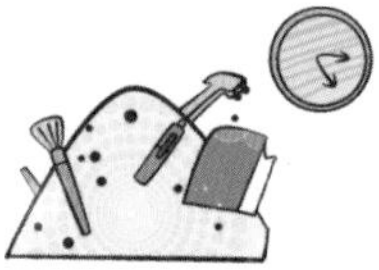

求職第
12堂課

有效率的勤奮，才能成功

我深信，「一日之計，在昨夜。」

晚上睡覺前，一定把明天要做的事列張清單，

這樣，睡起覺就覺得很開心、很安穩；

隔天一大早起來，胸有成竹，

按照自己的想法和計劃去執行，

絕不慌亂，也會跑得比較快。

唸書時，曾有一位老師說，他經常提醒自己——「你正在做什麼？」老師告訴我們，不要隨便燃燒掉生命和時間，要時常提醒自己，是否正在按部就班地做自己該做的事？還是正在浪費時間，做一些沒有意義的事？

其實，當我們思考「你正在做什麼」這個命題時，我們必須先有另外一個命題——「你今天想做什麼？要完成哪些事？」

古人說：「一日之計在於晨。」每一天的早上，就必須把一整天要做的事情，都先在晨光中計劃好，才能充分利用時間。

可是，又有人說：「一日之計，在昨夜。」為什麼？因為，在晚上睡覺之前，就必須把明天要做的事情先計劃好，免得一早起床，有點無主、慌張、忙亂，然後再來計劃一天該做的事，那已經比別人慢了一大步；別人昨夜已經先做好計劃，一早起來，已經開始往前衝刺了！

準時達成目標，絕不延誤

我比較笨，大學沒考上，我對數理、電腦的東西很不懂，科技的事也不太了解；但是，我每天深信這句話——「一日之計，在昨夜！」

我每天晚上睡覺之前，一定把明天要做的事，列一張清單，這樣，睡起覺來就覺得很開心、很安穩；同時，明天一大早起來，就胸有成竹，按照自己的想法和計劃去執行，絕不慌亂，也會跑得比較快。

也因此，我從一九九六年辭去世新大學口傳系主任之後，就沒有專職上班的工作，不用上班、不用打卡，也沒有老闆會管我、盯我；但，我自己要「自律——自我嚴律」。不用別人管我，我要管好自己。

過去十七年來，我前後寫了四十本書。在這過程之中，我與出版社的合作，從來不曾延誤。只要雙方訂下計劃——「X月X日要出書」，我就一定會按時交稿，並親自做好多次校稿的工作，務必使自己的出書計劃，準時達成，絕不允許有延誤的事情發生。

每天晚上，做好明天必做事情的清單

真的，「一日之計在昨夜。」

我們每天忙碌了一天之後，就要停下腳步，也要靜下心來想一想——「今天做了些什麼？哪些事做得不錯？哪些事做得不盡理想？哪些事還要再加強？哪些事還沒做完？……」同時，也要用心為明日該做的事情預做準備。

人就是要靜下心來自省，才能自我省思、自我檢討、自我惕勵。也因此，自我省思的時間是在晚上，同時也趕快計劃哪些事還沒做？哪些事是明天一早起來必須優先做的事？

所以，我每天晚上拿出半張Ａ４的空白紙出來時，都很開心；我一邊在想——哪些事我明天一早就要開始做？哪些事和人我要趕快聯絡？哪些剪報要整理？哪些稿子要趕快寫？……做好一張清單時，心裡就覺得很充實，也會讓自己很安心地睡覺。

▲明日的計劃，決定在今夜，我會跑得比別人更快、更有效率！

當然，人不是機器人，不可能不休息，或是過度操勞；我們都必須有適當的時間休息、充電、娛樂，也要有家庭的親情與感情生活。不過，我們可以做的是——「要比一般人更認真一些、更有計劃一些，但絕不能隨便浪費時間，隨便燃燒掉生命。」

您知道嗎，只有勤奮，未必能成功。一個人要做到——「有效率的勤奮，才能成功。」

「動作研究之父」弗蘭克．吉爾布雷思，曾把一些員工的工作情形拍成紀錄片，結果發現：「很多看似工作不太勤奮的人，工作上卻很有成效；有些看似很勤奮工作的人，卻沒有預期的績效。」

這也告訴我們：「目標不明確的人，即使很努力、勤奮，卻有如閉著眼睛，往前奔跑；他們雖然工作很努力，卻沒有創造性，也沒有方法、沒有效率，常是徒然。」

所以，我們不能做個「盲目勤奮的人」，而必須有目標、預先計劃——「一日之計在昨夜」，也告訴自己——「我明天要做什麼？」而且，在隔天也要詢問自己——「我正在做什麼？……我做完了沒有？」

你可以這樣做

1 每天晚上，要靜心想一想，哪些事該做的，做完了沒有？若還沒做完，請趕快去做。例如，哪些人還未聯絡？哪些報告、功課該完成，卻尚未完成？哪些資料尚未整理完畢？哪些雜誌還沒有看？哪些信件還沒有回？……別拖延，提早開始做，就一定可以提早完成。

2 再拿出紙和筆，把明天該做的事，列出一張清單，也告訴自己，明天一早就開始執行。如果你沒有清單，你一定會有疏漏、遺忘的事；甚至，有些重要的事，若不記下來，就可能誤了大事。所以，你必須用心、細心地想，做一張備忘清單，提醒自己——「天一亮，就喜悅、開心地去做，也一定要使命必達。」

3

你的床頭上，一定要有筆和紙，睡覺前，突然想到哪些事該做，一定要立刻寫下來。因為，你如果不寫、不記，再好的點子、再好的想法，或該做的事，一覺醒來之後，就會忘記。尤其是冬天好冷、好想睡覺，懶得爬起來，最需要有堅定的意志力，把好點子、好想法，以白紙黑字記下來。所以，人不能懶，要勤快，寫好了，心情就好安心、好安穩，可以好好的睡覺了！

4

你可以和我一樣，自製一份「每日需做事項表」（參閱134頁），每天在表格上打「✓」。例如，年輕時，我要求自己每天要「寫日記、背單字、練播音、聽英語廣播、跑步、剪報、看英語雜誌、記帳、

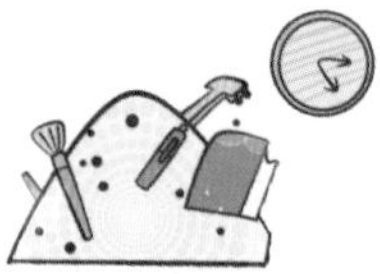

寫作業、仰臥起坐……」每天，我都利用時間，強迫自己做完每件該做的事，然後一一打勾，才上床睡覺。你要想一想，哪些事是對你有幫助的，是你一定要做的，你就把它設計在表格中，也強迫自己每天都去做它。這份表格的用處，是在提醒你，一定要利用零碎的時間，去做對你有益的事，切勿隨便浪費時間和生命。

Motto

人生必勝錦囊

❶「升上大聯盟（美國職棒）不是最困難的，最難的是，繼續留在大聯盟。」（美國大聯盟安打王彼得・羅斯）

❷不要為自己的懶惰找藉口。當你找藉口時，認真的別人已超越過你了。

❸要有勇氣走自己的路，並保持一定的方向。

每日需做事項表

＿＿＿年＿＿＿月

	寫日記	背英語單字	練播音	聽英語廣播	跑步	剪報	看英語雜誌	記帳	寫作業	仰臥起坐
1	✓	✓	✓	✓	✓	✓	✓	✓	✓	✓
2	✓	✓	✓	✓	✓	✓	✓	✓	✓	✓
3	✓	✓	✓	✓	✓	✓	✓	✓	✓	✓
4	✓	✓	✓	✓	✓	✓	✓	✓	✓	✓
5	✓	✓	✓	✓	✓	✓	✓	✓	✓	✓
6	✓	✓	✓	✓	✓	✓	✓	✓	✓	✓
7	✓	✓	✓	✓	✓	✓	✓	✓	✓	✓
8	✓	✓	✓	✓	✓	✓	✓	✓	✓	✓
9 ⋮	✓	✓	✓	✓	✓	✓	✓	✓	✓	✓

（作者當學生時，自訂的自勵表格）

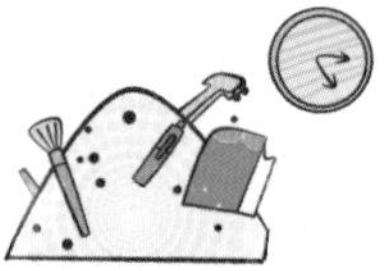

求職第13堂課

要寫具體事項，別寫抽象概念

每個階段的用心與付出，
回首一看，都是很甜美的。
我們要相信——
只要願意用心投入，就一定會有收穫！
當你列出特殊、光榮的事蹟，
別人就能肯定，你是值得聘用的人。

在求職、找工作時，免不了都要向應徵的公司，遞上自己的履歷，以及自傳，來說明自己的優點、特殊的才華。可是，「履歷」要怎麼寫才能吸引人呢？

有些人，只遞上一張簡單的履歷表，也有人留個部落格網址，叫承辦人員上網去看自己的個人簡歷。天啊，連自己寄送資料出去都很懶！

也有人會寫些家世背景、就讀學校、求學過程、自我專長……等等。

不過，我會希望年輕朋友在寫履歷時，能想一想——

「我過去的成長、求學過程中，最特別的經驗是什麼？最有成就感的事蹟是什麼？最感到驕傲的事情是什麼？」

想一想，然後請你用最最真實的筆法，將它鋪陳書寫出來。這樣，才能吸引別人的眼睛，來了解你這個人。

你可以寫出你的特點和經驗。以我的例子而言，譬如說：

一、在藝專唸一年級時，我鼓起勇氣參加演講比賽、詩歌朗誦比賽、辯論比賽……雖然，我都沒有得到什麼名次，但我總不願放棄，而是不斷地積極練習、練習、再練習，並且不斷地鼓起勇氣參賽。後來，在三年級時，我拿到了全校演講比賽冠軍，也拿到全台北縣大專杯演講比賽冠軍，被選為台北縣青年節慶祝大會的主席。我，曾站在萬人之前演講。

二、在藝專二年級的寒假，我申請到中國時報採訪組實習，雖然我是藝專廣播電視科的學生，但是我對新聞工作有興趣，所以我希望能在新聞採訪的單位學習、見習，跟著新聞前輩到立法院、外交部、監察院、警察局……等相關部門採訪、學習，也讓自己擴展視野。所以，在兩個星期的實習之中，我學到了許多新聞採訪的實務經驗，也認識了許多新聞記者前輩。後來，在藝專二年級的暑假，我也申請到中國電視公司新聞部實習，相同的，也讓我見識到電視新聞採訪的壓力和製播作業的流程。

三、在藝專三年級時，我主動擔任廣播電視科刊物《視聽傳播》的主編工作，負責整本刊物的企劃、邀稿、編輯、印務、攝影……等工作。雖然，我不是專業的主編，但我總是秉持著「勇敢開口、主動請教」的信念，向科裡的老師、助教、學長姊請教，最後如期達成刊物出版的任務，也獲得師長的一致好評。

四、在專科二年級寒假，我曾於大年初一，獨自從台東搭乘小飛機，到綠島監獄。在不太可能進入監獄的情況下，我不屈不撓、永不放棄，主動向監獄警衛開口，勇敢求見監獄典獄長，最後獲得典獄長首肯，進入監獄內參觀，並與監獄受刑人聊天、採訪。當晚，我與典獄長、教誨師一起用餐，甚至晚上還住在監獄招待所，度過一個最特別的「綠島監獄之行」的夜晚。

五、我在藝專畢業典禮中，被校方選為「畢業生致答詞」的畢業生

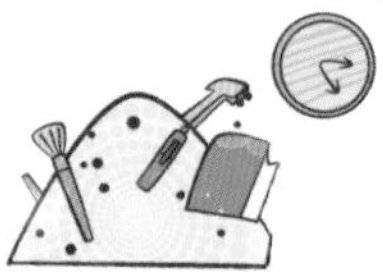

代表。在一年級時，我雖然曾多次參加演講、辯論比賽，沒有得名，但因不斷的練習，最後讓自己得到全校、全縣演講比賽冠軍，所以也順利成為畢業生致答詞的代表。我相信——「時間花在哪裡，未來的成就就會在那裡」；只要願意用心投入，就一定會有收穫！

六、我在服兵役、於鳳山「衛武營」接受新兵訓練時，曾經主動報名參加演講比賽；我把每次的比賽，都當成一件很重要的事，也都不斷地積極自我訓練。當時，參加演講比賽的選手，許多都是台大、政大、交大、成大、中興……等大學的高手、高材生，但我並不畏懼，也認真準備、練習，所以，在經過四關的比賽之後，我拿下政戰預官的演講比賽冠軍。

七、我在藝專就讀那三年，每天都強迫自己寫日記。即使在成功嶺出操、打靶、行軍，汗流浹背時，我依然坐在樹下，拿出口袋中的小筆記本，勤寫日記。我用中文寫，有時也用英文寫。我深信——「自古成功靠勉強」，只要自己有恆心、有毅力，就一定會成功；因為，「成功不是靠能力，而是靠毅力和努力！」

八、在藝專的三年之中，我寫了將近三十篇文章，被登在《藝專青年》校刊、《視聽傳播》科刊，以及其他的報章雜誌。這些文章，都是我主動去採訪教授、傑出校友、廣播或電視台專業經理人，一篇一篇寫出來的；其他，也有我的遊記，或是學習心得。我相信，我對文字十分的喜好，對語言表達也很有興趣，我會持續朝自己的興趣和專長，繼續努力。

上述的這些敘述，是我在唸藝專時的點滴和記憶，也是我求學時代最值得回憶的事情。

每個階段，都有自己的用心與付出；如今，回首一看，都是很甜美的。所以，「痛苦會過去，美麗會留下呀！」

▲ 我抓住每一個空檔，靠著毅力和努力，累積成功的實力。

要寫「具體的事項」，別寫「抽象的概念」

我要告訴大家，想要讓別人印象深刻或感動，就要學會用「具體的陳述」，來描述自己過去發生過哪些值得自己驕傲的事蹟。

我們不要在自傳中，一直強調自己——「我這個人，工作認真、態度積極、待人隨和、工作有效率、願意吃苦、刻苦耐勞、盡忠職守、勤儉持家、永不放棄……」

你看看，這些形容詞，不都是很抽象、很不具體、沒有什麼特別嗎？這種形容詞，套用在每個人的身上，都是可以適用的，都是很一般的，一點特殊感覺都沒有，太普通了。

請你用具體的事實和陳述，來告訴別人——

你做過哪些事情？

哪些事是最榮耀的？

哪些事是最得來不易的？

哪些是你鍥而不捨、永不放棄而做到的？

別人只要一看到你一一列舉出來的特殊事蹟，就可以肯定你是一個傑出、有正面特質、值得聘用的人。

你可以這樣做

當然，你唸了那麼多的書，從小學到大學，一定有許多值得陳述的事蹟和成績，只是沒有做整理，被自己給忽略了。你要用心的想一想，也用筆寫下來。例如：

1. **你曾經參加過哪些比賽，有什麼特殊表現？**比如：你曾獲得電動玩具大賽冠軍、烹飪大賽冠軍、調酒大賽冠軍、物理奧林匹克大賽冠軍、歌唱大賽亞軍，參加過自行車賽、籃球賽、電腦程式設計比賽、繪畫比賽……等各種賽事；或是，你曾經參與哪些特殊活動，讓自己很感動，成長甚多。

2

你要想一想，「自己最棒的故事是什麼？最值得誇耀的成績是什麼？」想好了，你要花時間認真寫出來；也要寫得用心、有趣、有畫面，讓別人看了也很感動。這樣，你就會吸引別人的注意力。同時，在寫完這些最棒的事蹟後，還要請別人修改、提供意見，千萬別怕文章被別人看。別人的意見，都是很珍貴的，你可以參考。

3

同時，你也要練習將所寫的精采故事「說出來」。因為你在面試時，如果你講得詞不達意、條理不清，別人怎麼會感動？相反地，如果你講得真情流露、頭頭是道、從容大方、有條不紊、幽默風趣，那麼，主考官一定愛死你了，哪會不錄取你呢？所以，「說」很重要，「說得好」與「說得不好」，結果的差別是很大的。

4

在公開正式講述自己最棒的故事前，要一而再、再而三的練習。你可以

把同樣一則故事講給三個、五個、十個朋友聽，直到你講得很棒、很吸引人、很感人為止。請你相信——「講十次」與「講一次」，效果絕對是不一樣的；練習多了，你自然會進步，令人刮目相看！但，如果你不練習說出來，只是用「想」的，效果一定會很差。

Motto

人生必勝錦囊

❶ 人可以貧，不可以弱；你可以一無所有，但絕不能一無是處。

❷ 要做自己最喜歡的事，刻意勤奮練習，打造精采生命。而且，「走過今生，要千萬認真！」

❸「三日不讀書，有如一隻豬；三日不學習，腦袋舉白旗。」

求職第 14 堂課

用軟實力與EQ智慧，贏得肯定

人是否美麗、帥氣，會被人看重，

並不是因著他的外表，而是他的「頭腦」。

有認真的頭腦，才會——

懂得看重自己、尊重別人；

懂得溝通協調、欣賞對手；

懂得展現熱情、以德服人……

有一名女大學生來信，說她在考大學之前，曾看我的書《不看破，要突破》，對她有非常大的幫助；現在她唸大學，教授要同學們寫一份報告──「採訪一位知名人士」，於是她希望能來採訪我。

平常，很多教授、老師會出這種採訪作業，所以常有學生表示要採訪我，對我而言，是有些困擾；不過，我請助理告訴她，只要她把我的新書《自信，舞台就是你的》看完，寫出一篇心得報告，我就接受她的採訪。因為，我相信，只要她先認真地把書看完，也寫了一篇心得報告，然後再來採訪我，彼此就會有很多討論的內容和交集。

隔天，我就收到這女大學生E來一份報告。但我仔細一看，內容完全跟我的書沒有相關；或許，這是她在其他課程中交過的一篇報告。於是，我又請助理告訴她，要用心把我的書看過一次，再用心寫一份報告，我就願意抽空接受她的採訪。

然而，這女大學生回應說，她很忙，事情很多，不想寫，也放棄來採訪我了。聽到她的決定後，我一笑置之。如果，她願意花點時間用心閱讀，準備一下，再來採訪我，一定可以寫出一份很棒的報告；但，她打退堂鼓了，我也樂得輕鬆。

花多少時間，得多少功夫

一位出版社老闆在與我聊天時說，現在很多年輕人來求職，卻連出版社的工作性質都不了解，也不知道他們出版社出過什麼書，隨便就來應徵，自己也不上網先做點功課，求職面談時只會問：「公司有什麼福利？待遇多少？」「公司每個月有多少休假？」

這老闆說：「我現在的總編輯是中文系畢業的，她在大三時，就主動要求來我這裡實習，不要求薪水。她很認真，做事也很仔細，絕不會拖拉或混水摸魚，態度很盡責……我以前給她工讀金，給多少，她都不抱怨，所以我慢慢提拔她，成為我身邊最重要的總編輯。」

是啊，凡事都要認真做足功課、積極表現，才會令人印象深刻。

過去，也曾有位媒體記者來採訪我，問我：「戴老師，你出過幾本書？」「你求學的心路歷程是什麼？」「你以前是沒有考上大學嗎？」「你是唸哪個專科學校的？」「你是唸哪個大學的博士？」「你在哪裡教過書？」……

其實，這些資料，網路上隨便一查都知道，若還開口問這些問題，表示這記者不用心、不認真，完全沒有準備，不是嗎？

人，常以自以為的「才華」來評價自己；但，別人卻以我們的「表現」來評價我們。有些人，或許很聰明，有許多才華，但做事態度不認真、不積極、不踏實，而這些別人都會看在眼裡，也會以我們實際的表現來評價我們啊！

用軟實力，建立自我品牌

有雜誌與人力銀行業者發表——「企業最愛大學生」調查報告，在本土大學中，最受企業主喜愛的畢業生，前十名依序是：成功大學、淡江大學、台灣大學、台灣科技大學、逢甲大學、台北科技大學、輔仁、東吳、銘傳、雲林科大……

這樣的報告出爐，或許很多人會想：「我不是這些學校畢業的，怎麼辦？」

別擔心，這些學校畢業的，還是有很多人找不到工作；相反地，不是這些學校畢業的，依然有很多人一下子就找到很好的工作。

您看，政治大學、清華大學、交通大學……都沒有名列其中，不是嗎？所以，這樣的一份調查報告，並沒有列出行業別，很籠統，顯然不是很客觀，也不甚具有意義。

不過，話說回來，不管你是哪個學校畢業的，「校名」不重要，「實力」與「態度」才是最重要的。

有些剛踏入職場的新鮮人，專業能力不錯，但上班習慣遲到、態度高傲或懈怠、自我中心太強、缺乏團隊合作精神、溝通能力差、口語表達能

▲ 儘管看見金山銀山，但，若沒有先投入自己，就什麼也抓不到。

力弱、缺乏自信心，或常與主管、同事起衝突，或無法接納他人意見……

這些人際溝通與情緒管理的工作，也就是所謂的「ＥＱ控管」沒有做好，即使專業實力很強，但也是企業主所不喜歡的。

最近，大家流行「軟實力」與「心實力」，意即自我內在的信念、心態、價值觀，或是否懂得為人著想、是否有同理心、是否懂得傾聽、服從，或是懂得塑造自我形象、建立自我品牌，走出自我風格。

問題不在難度，而是在態度

工作時的態度，是否有禮貌、誠信、積極、謙卑，懂得開口請教，懂得協調溝通、以和為貴，也懂得化解衝突、增強團隊向心力……這些都是「專業能力」、「硬實力」之外，更需要重視的問題。

有人說，「美麗，是腦的功勞。」的確，人是否美麗、帥氣，會被人看重，並不是因著他的外表，而是他的「頭腦」。

有認真的頭腦，就懂得看重自己、尊重別人；懂得溝通協調、欣賞對手；懂得展現熱情、以德服人……這些，都是「腦的功勞」啊！

李開復先生曾說：「才華和時間，是人生的兩大財富。如果我們的時間減少了，才華卻沒有增加，那就是虛度了時光。」

因此，在專業的「硬實力」之外，我們的「ＥＱ情緒智慧」、「溝通能力」、內在的「軟實力」和「心實力」也都必須逐漸增長，才能在職場上受到他人的歡迎與肯定。

你可以這樣做

1. 你去求職面談前，一定要先上網把該公司的企業目標、老闆的經營理念

等，做個仔細的了解。求職者有沒有準備，一開口說話，對方就能感受出來。公司員工的信條是什麼？守則是什麼？只要你有準備，在面談時能說得出來，就會吸引主試者的目光。

2

你可以把公司特色和老闆的特殊事蹟先記在腦袋。誰不喜歡被恭維？你若用心去了解應徵公司的背景，老闆的奮鬥史、不為人知的小故事……就可以看出你比別人更認真、更細心、更有觀察力。所以，「用力，自己知道；用心，別人知道。」能在細微之處，多一些觀察和著力，就可讓人看見你的「軟實力」和「心實力」。

3

「脾氣來了，福氣就沒了。」要學習EQ控管能力，態度謙卑、主動請教、減少暴怒。其實，求職時，主試者會觀察一個人的態度是真誠、謙卑，還是高傲、張狂？說話的態度、行為舉止、眼神目光、談吐內涵……就像古人所說：「人焉叟哉？」而且，面談的主考官若真的

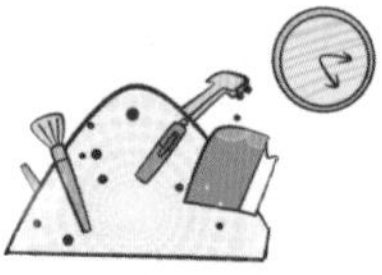

想錄用你，有時事後還會向你的原離職單位「打聽」，看看這個人的工作態度如何？評價如何？脾氣好壞？溝通能力如何？待人態度好嗎？……所以，要有好的「情緒忍受力」和「人際溝通力」，才會有好口碑，給人留下好的印象。

Motto

人生必勝錦囊

❶ 人的評價，是指在出生和離世之間，我們究竟做了些什麼？

❷ 別讓自己的情緒和成見，蒙蔽了自己的眼睛。

❸ 要走出生命的缺口，找到生命的亮點，活出精采一百。

求職第 15 堂課

用發現力的眼睛，觀察周遭事物

鼓，能生善。

要讓「心鼓」，在生命呼吸之際，不停地鼓動、自鳴；

我們絕不打退堂鼓，我們要鼓舞自己、激勵別人，

秉持著「鼓能生善」的精神，

鼓起精神，鼓舞出生命的希望與美善。

清晨，為了減肥，提早出門運動。辦公室在台大旁邊，附近有個自來水廠的園區，早晨免費提供里民散步、爬山丘。所以，每天都有許多老先生、老太太，一早就在園區裡運動。

在這片園區中，幽靜的小徑很多，彎來彎去的，有樹叢、有花朵、有蝴蝶、有蟲鳴、有鳥叫、有高大樹幹……走在陰涼的小徑中，感覺真是幸福啊！

小山丘的最高點，是個涼亭，可以看到新店溪對岸的永和、中和，視野十分遼闊，令人心曠神怡。

這涼亭旁，置有一說明牌子，上面寫著：「相傳先民為了防禦新店溪上的泰雅族人出草，於是商議於現址設亭置鼓警戒，昔稱為『鼓亭』，亦為現今『古亭』地名的由來。」

哦，原來這小山丘的最高點，是個防禦要地，可以居高臨下；這裡，本來放置大鼓警戒，以防外敵入侵，所以稱為「鼓亭」；如今，這山丘已非防禦要地，而附近的地區，也因此改稱為「古亭」，真是有意思！

回程中，心中一直想著：置「鼓」警戒。

自古以來，鼓聲，常能振奮人心、激發氣勢，所以在兩軍對峙中，都必須大聲擊鼓，來激起軍隊的士氣、衝鋒陷陣。當鼓聲變小、衰弱時，士氣也就逐漸潰散、敗退……

從唐代之後，佛教道場就將「鼓」安置於大殿的右方，稱為「鼓樓」；而「鐘」就設在大殿的左方，稱為「鐘樓」。每日晨昏之際，即藉著鐘鼓的和諧梵音，來為民眾和國家祈福。

所以，「晨鐘暮鼓」，也就提醒自己，藉著「鐘與鼓」的聲音，省思自己的言行舉止是否合宜？或從「心鼓」之中，得著更多勇往直前、勵志向上的力量。

鼓發自己，也鼓舞他人

其實，鼓，也就是要「鼓發自己」。

有時，我們的心情陷入低潮——有人選擇退怯、有人服毒、有人自殺、有人跳樓、有人用酒精來麻痺自己；但，也有人積極地「鼓發自己」，讓自己愈挫愈勇、永不放棄。

同時，鼓，也就是要「鼓舞他人」。

瑞典女孩蓮娜．瑪麗亞，從小就沒有雙手，也只有一條腿是正常的，另一條腿只有長一半而已。但是，她不以自己的缺陷而自卑，反而勇敢地走出自己。

蓮娜喜歡游泳，雖然她沒有雙手，但她能像魚兒一樣，在水中悠然自得地游泳；她也曾經四次拿下世界杯游泳比賽冠軍，更曾經參加漢城的奧運會。

蓮娜穿著義肢，自己到市場買菜；她卸下義肢，用腳趾夾筆繪畫、用腳趾打毛線、用腳趾夾鏟子炒菜、用腳趾開罐頭……等等。她寫的書《用腳飛翔的女孩》，在台灣暢銷超過十五萬冊。

在新書發表會上，我曾坐在蓮娜．瑪麗亞旁邊；當我致詞完時，下意識地伸出右手，想和她握手，突然間，才想起——她是沒有雙手的女孩。我尷尬地收回右手，她也對我熱情微笑。

蓮娜多次來到台灣，用陽光燦爛的笑臉，和美妙動人的歌聲，鼓勵年輕朋友們——絕不能灰心喪志，也絕不自暴自棄。她，穿著重重的義肢，一步一步地走；她，「鼓發自己，也鼓舞他人」，這豈不是人世間最美善的事嗎？

要一鼓作氣，一氣呵成，絕不偷懶

「鼓，能生善。」我們要讓「心鼓」，在生命呼吸之際，不停地鼓動、自鳴；我們絕不打退堂鼓，我們要鼓舞自己、激勵別人，秉持著「鼓能生善」的精神，鼓起精神，鼓舞出生命的希望與美善。

同時，也要切記曹劌論戰之語——「一鼓作氣，再而衰，三而竭。」人的目標，若沒有一鼓作氣、堅持到底，就會「衰而竭」啊！

▲咚！咚咚……我要鼓舞自己，敲出生命的希望與美善！

就像唸書、找工作一樣，要一鼓作氣，不斷累積自己的專業知識和實力，讓自己成為「專業的人才」，而不是「普通的人力」。

很多人唸書不認真，甚至藉機延畢，不敢面對就業環境；這種拖延的心境，不懂得一鼓作氣，就會「再而衰，三而竭」。

我在美國唸碩士時，我知道，我家沒有錢，我必須一鼓作氣，完成學業，趕快回台灣找工作。在美國唸書是多麼花錢啊！所以，我沒去打工，全力苦讀，一年四個月，就拿到碩士學位，返台謀職，而進入電視台。

唸博士班也是一樣，一鼓作氣，一氣呵成，絕不偷懶，不能夠拖到五年、六年、七年還畢不了業。我要省金錢、省時間，所以三年即拿到博士學位，返台後隨即進入大學任教。

所以，請記得——讀書、就業，必須「一鼓作氣」，不能讓自己再而衰，三而竭啊！

你可以這樣做

1. **這篇文章，告訴讀者什麼呢？——「你要有發現力的眼睛！」**我在運動途中發現了「古亭」地名的由來，心裡真是好高興；我也去查了一下，有關「鼓」的意涵和「晨鐘暮鼓」的原由。同時，也因著一次因緣際會，與瑞典肢障歌手蓮娜．瑪麗亞談到「鼓發自己，鼓舞別人」。人，就是要有「發現力的眼睛」，用心觀察、記錄、查詢、省思，讓自己看到別人所看不見的東西，這樣你才會進步。

2. **請你每天寫下一則「特殊觀察的一件事」。**你在一天中，看見什麼？觀察到什麼？哪些人、事、物，給你不同的想法或特殊的感動？一句話、一個場景、一個互動、一個啟發……你必須有敏銳的觀察力，以及發現力的眼睛，然後，寫下來、記下來、用出來，你就會愈來愈進步。例如，我看到兩句話，也背了下來——「沒有過不去的事情，沒有過不去的心情。」「心寬，忘地窄；心寬，路更寬。」

3

你要用主動的態度、陽光微笑的心情，與別人結緣。我們要用燦爛的微笑和陽光熱情的態度，來贏得別人的友誼。人不可以自怨自嘆，而是必須勇敢踏出去；只要陽光一出現，就要面帶微笑，勇敢地把自己「推銷出去」啊！

Motto

人生必勝錦囊

❶ 想要hold住青春，笑容比微整形有效。

❷ 「臉要笑、嘴要甜、腰要軟，手腳要快」——也要多學習露七齒的微笑，就會讓別人有陽光燦爛的活力感覺。

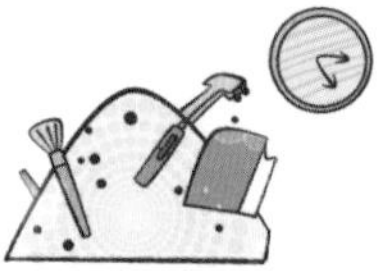

Dr.Dai 開習題 ③

Exercise

你是否有抓到自己的強項，累積自信、面對挑戰？

● 鍛鍊，是日積月累的，你有無決心強迫自己持之以恆？

● 面試前，你有準備好完整資料，練習要怎麼介紹自己嗎？

請訂出專屬的「每日需做事項表」，強迫去做對自己有幫助的事，並在睡前列出明日必做事項清單，連續做一個月以上，檢視成效，養成好習慣。

整理出你的特殊表現、最棒的故事，寫下來、記錄下來，並除了圖文的書面資料之外，還要練習從容、精采地講出來，讓家人、朋友都來為你打分數！

求職第 16 堂課 要有強烈的成功飢渴性

求職第 17 堂課 懷才不遇，就是自己的錯

求職第 18 堂課 勇敢開口請教，多談對方專長

求職第 19 堂課 儀容端莊有禮貌，比成績還重要

求職第 20 堂課 避免愛搶話、愛打斷別人的話

PART 4

你，站出去推銷自己了嗎？

求職第16堂課

要有強烈的成功飢渴性

千萬別讓別人的意見，
淹沒你內心波濤洶湧的熱情呼喚；
你要有勇氣，
用直覺去跟隨你的心、你的夢想。
一個人，愈是積極、愈是投入、愈不計較，
就會愈有歡笑，運氣也愈來愈旺啊！

聯電的榮譽副董宣明智，在接受記者訪問時說，即使在高科技業服務的他，只要有高中數學的程度就夠用了，學校數學教太深沒有用；年輕人畢業後，要趕快就業，用認真的態度進入職場，做個「有用的人」，而不是「空有知識的人」。

宣明智副董說，他有個朋友的孩子，「讀了四個碩士學位，卻一直不找工作」……年輕人拚命讀書，卻不就業，這有什麼用？

的確，學一大堆數學，什麼開根號、什麼三角函數、什麼機率……踏入社會後，幾乎用不上；我一輩子沒用過機率、三角函數，但也活得很好啊！

一般人，只要會數鈔票、收支票，存款、提款、匯款、借款、還款，也就可以了！最重要的是，要有認真投入職場的積極態度、開創自我，否則唸了五個碩士、兩個博士也沒有用！

許多人空有學歷，卻不找工作、不就業，窩在家裡靠父母過日，就形同浪費生命的「啃老族」。人要為自己創造出成就，而不是寄居老家、仰賴父母啊！

「一個人的夢想，需要被實踐，生命才有意義！」

二〇一一年，日本女子足球隊原本不被看好，卻一路挺進世界杯總冠軍賽。在與美國隊爭冠軍時，日本隊曾兩度落後，卻奮戰不懈，奇蹟式的追成二比二平手。後來在以ＰＫ決勝負時，日本以三比一獲勝，抱走了金杯，也是第一支在世界杯中奪冠的亞洲隊伍。

日本女子足球隊，在東北海嘯地震過後，堅忍贏得世界女足冠軍，全國陷入狂歡與瘋狂；該隊主將澤惠希則高聲大叫出一句名言：「夢想不是拿來想的，而是拿來實現的！」

的確，若空有夢想，而不去實踐，這算什麼？

▲ 對成功的飢渴，要在現實生活中滿足，而不是只在睡夢裡啊！

要積極展現你的「獨特性」

有很多年輕人找工作，只是丟出履歷，叫應徵單位點看他放在網路上的個人資料；可是，找工作、應徵的人那麼多，你若沒有展現自己的「獨特性」，誰會用心去看你網路上的資料？所以，得趕快想想——

「我的獨特性是什麼？」

「我有什麼讓別人非得錄用的理由？」

「我最大的才華是什麼？」

而你，必須把你的獨特性展現出來給別人看，也用積極態度，主動去電，或再三告知想要獲得此工作的強烈慾望。

而且，你的「獨特性」不只是用嘴巴講，還要用「作品」呈現出來。

例如：

你有什麼創作？秀給主考官看。

你有什麼得獎紀錄？拿給主考官看。

你有什麼異於一般人的表現，請用圖文、照片、影像，秀給主考官看……

你千萬不要叫別人去網路上點選你的個人資料，無論是燒製成光碟也好，印出紙本資料也好，要讓別人方便去看到你的獨特性表現。假如，我們連自己都不願意多用點心，別人哪會特別注意到我們呢？

要有「強烈的成功飢渴性」

台灣有句諺語說：「田螺含水過冬。」這句話的意思是，田螺在冬天枯旱缺水的季節，會預先含一口水，然後鑽進土壤裡，就靠著這口水，等待春天雨水來臨，也隱喻著那些在困境中，不畏乾枯、嚴寒，堅忍度日、蓄勢待發的人。

年輕人也是一樣，在期待春天來臨之前，在獲得職場肯定之前，你不必擁有太高的學歷，你不必擁有四、五個嚇人的碩博士學位；但，你要懂得堅忍待發，除了要擁有「別人沒有的獨特性」之外，你更要有「強烈的成功飢渴性」。

「獨特性」是什麼？是你的專業能力、特殊才能、協調能力、溝通能力、口才表達……

「強烈的成功飢渴性」是什麼？是主動投入、積極爭取的態度，以及愈挫愈勇、永不放棄的決心。

在求職的過程中，有人選擇輕鬆、偷懶、隨便；但，有強烈的成功飢渴性的人，則是選擇用心準備，也往「壓力最大的地方走」，積極勇於表現自己。太輕鬆、太隨便，不認真、沒準備，你如何讓人對你留下深刻的印象？如何讓人記住你？

二〇〇五年，前蘋果電腦執行長賈伯斯，在史丹佛大學畢業典禮上演講時說：

「要執著於你的愛！」

「千萬別讓別人的意見，淹沒你內心波濤洶湧的熱情呼喚；你要有勇氣，用直覺去跟隨你的心、你的夢想。」

的確，想要有「強烈的成功飢渴性」，就必須點燃心中的熊熊烈火，熱愛自己的選擇，全心投入；一個人，愈是積極、愈是投入、愈不計較，就會愈有歡笑，運氣也愈來愈旺啊！

你可以這樣做

1 用心製作、展現你的「獨特性」給評審（主考官）看。 我在申請美國大學博士班時，說真話，我的英文不是很好，但我把在華視任記者時做的獨家新聞報導，剪輯、製作成一捲錄影帶專輯，並翻譯成英文，寄到美國申請的大學；後來，奧瑞崗大學錄取了我，也讓我成為博士生的一員。我相信，「獨家新聞報導專輯」是我的獨特性，它呈現了我的專業背景與實力。

2

你要找到知名的老師和前輩，願意為你背書、為你寫推薦信。以前，曾有前輩教授告訴我：「大學生有三件事很重要：一、要多讀書，讓自己有專業知識。二、要交一些知心、志同道合的好朋友，相知相惜、相扶持。三、要和老師保持好的關係，老師才會提攜我們。」的確，常向老師虛心請教，才會讓老師印象深刻，將來有機會請老師、前輩寫推薦信時，他們才會樂意。否則，平常不聯絡、也不請教，有一天突然請老師、前輩為你寫推薦信，他們怎麼會樂意呢？

3

用言語和行動，凸顯出你的「強烈的成功飢渴性」。有些人找工作，態度不是渴望的，不是懇切的，而是可有可無，有也好，沒有也無所謂，缺乏強烈的企圖心，那麼，別人怎麼會錄用你呢？「我要」、「我很想要」、「我一定要」，這三句話是不同層次的。「我要」和「我一定要」，在飢渴性的層次上，也是不同的。有些人很渴求、很企盼，在言語和行為上，就會顯示出積極不懈的態度。所以，「敢想、敢要、就敢得到」；如果沒有渴望，沒有「強烈的成功飢渴性」，就不會令評審印象深刻。

Motto

人生必勝錦囊

❶「人的夢想，要被實踐，生命才有意義。」

❷「夢想，不是拿來想的，而是拿來實現的。」（澤惠希）

❸「涓滴之水終可磨損大石，不是由於它的力量強大，而是由於它晝夜不斷地滴墜。」（貝多芬）

求職第
17 堂課

懷才不遇，就是自己的錯

一個人臉上自然流露出的熱情，
是會令人感到開心、歡愉的；
而一旦心中有了熱情，
有「飢渴」和「傻勁」，
才能用「求知若渴、虛心若愚」的心情，
不斷地學習、追尋與成長……

哈佛大學校長舒默斯（Lawarence Summers）曾經對大一新生說——大部分大一學生的生活，就好像是「坐在火上」，心裡很興奮，也很期待，因為有好多課要上、有好多活動要參加、有很多事要學習，也有很多老師、同學要認識……

「所以，我希望你們在未來幾年之中，都能『坐在火上』，隨時對學習新知和進步，充滿熱情，也充滿求知慾望，因為，這是任何成功的人，所必備的特質和要求。」舒默斯校長對大一新生如是說。

的確，我們在成長、學習的過程中，都需要有「坐在火上」的興奮與期待，也隨時點燃心中的「熱情之火」——「凡事有火熱的心，懷抱著希望，不斷地學習、追尋！」

曾看過一句話：「人飢餓，並非無餅；人乾渴，並非無水——乃是沒有了目標、理想和熱情。」

人的生命，若無學習目標；生活中，若無熱情與期待，那麼，人就只是平庸、平淡地過日子。

臉上洋溢熱情的人，令人印象深刻

在海內外各地的演講中，我都會提前到達會場，準備好電腦和投影機——我總是一個人前往，沒有助理相隨。而當我在準備、測試影音設備時，偶爾會有聽眾、學生走過來，熱情地和我打招呼：「戴老師好！有沒有我可以幫忙的地方？」

對於這樣的熱情問候、詢問可否幫忙，我總是心裡感到窩心。因為，大部分人都是冷漠的；但，一個開口、一句問候、主動幫忙……都會讓人留下深刻的印象。

也有人，在演講之前，就親手送給我卡片；有人送上飲料；有人在聽演講時，總是面帶笑容，也適時地點頭、微笑，或炯炯有神……

▲ 我心中有一把熊熊烈火，任外在環境如何嚴酷，也澆不熄學習的熱情。

您知道嗎，當個講師站在台上，往台下一看，有人低頭看手機、有人閉目養神、有人面無表情地雙手環胸、有人則冷漠靜觀……

可是，對於那些在臉上或行動上，充滿善意、喜悅與熱情的人，總是讓人留下深刻的印象啊！

求知若渴，虛心若愚

當然，我們並不是要求別人或聽眾，一定要送講師卡片、小禮物、飲料、甜點……而是一個人臉上自然流露出的「熱情」，是會令人感到開心、歡愉的；比起那些冷漠、沒表情、沒回應的冰冷態度，您說，如果您是主管，會喜歡用哪一個當部屬？

年輕人求職的態度也是一樣，就如同蘋果創辦人賈伯斯告訴莘莘學子的話──「Stay Hungry, Stay Foolish」，這句話通常是以「求知若渴，虛心若愚」來直譯。

心中有了熱情，有「飢渴」和「傻勁」，才能用「求知若渴，虛心若愚」的心情，不斷學習成長。

沒熱情、不主動，誰會喜歡我們

在一場演講會之後，一個男大學生到台前來，幫我整理、收拾電腦和投影機。

他跟我說：「戴老師，我讀你的書學到很多。現在下課時，我都會主動請教老師，也陪老師走一段路，送他回辦公室，或送老師到校門口，目送他坐計程車離開；有時上課前，我也會先去看老師，陪老師走一段路，一起到教室來上課……」

我看著這男大學生，心中很是欣慰，因為我的確在書中寫過這些……我過去在國外唸書時，陪伴老師走路，請教老師的經驗；因為我的英文不夠好，我就必須讓美國老師感受到我的火熱之情與虛心求教。所以，在美國唸書時，我的成績雖不是最好的，但也沒被當掉，也都很快、很順利地拿到碩、博士學位。

懷才不遇，自己就有錯

你知道嗎？有時天使在我們身邊，我們卻沒有察覺；有時，天使已經離開了，我們卻還在抱怨——為什麼天使都不出現？……為什麼沒有貴人來幫我？為什麼我會懷才不遇？

其實，「懷才不遇，就是自己的錯。」

為什麼自己會懷才不遇呢？為什麼自己不主動展現自己、推銷自己呢？為什麼自己懶散沒有熱情，也冷漠沒有跳躍之心呢？這樣，怎能被人賞賜呢？

所以，只要「熱切渴望、積極主動、熱情洋溢」，就連上帝也會對我們讚譽有加，而派天使來幫助我們啊！

「生命不是要求我們成為最好的，只要求我們盡最大的努力。」

我們的性格，若缺乏熱情、不積極、不主動，只有冷淡和冷漠，那麼，誰會看到我們？誰會喜歡我們？

一個人，再聰明、再有智慧、再有能力，也要讓人感到熱情洋溢，才會受人喜愛啊！

「我們的生命，都是由那些機運所定義的，甚至是由那些我們曾經錯過的（機會）……」（Our lives are defined by opportunities, even the ones we missed……

——Benjamin Button）

你可以這樣做

1 上課時，你可以虛心請教老師；不然，下課時（或聽完演講時）也可以主動上前，向老師請益。你還可以再陪老師說些話，幫老師拿東西，親送老師離開。你知道嗎，當個老師或是主管，最怕離開會場時是孤單冷清、沒人理會；只要你願意主動趨前請教、陪伴走路，就一定會讓老師和主管印象深刻。

2 多想想「求知若渴，虛心若愚」這兩句話。

我們對新知的學習，是否充滿著渴望？你每個月讀了多少本新書、新雜誌和專業期刊？你多久沒有再聽演講、充電了？你多久沒有再去進修？多久沒有去看書畫展覽、發明展覽？……人不能一直忙碌，「忙、盲、茫」；也別忘了要「虛心若愚」，多向前輩、師長請教。因為，「累積知識與智慧，比忙碌賺錢更重要啊！」

3 若你覺得懷才不遇，就必須虛心自省——我夠主動、夠積極、夠熱情嗎？我有主動推銷自己嗎？

每個人的個性，都是可以學習、改變的。我們不能說：「我就是這樣內向的人啊！你要我去推銷自己、展現自己，我做不來。」可是，失業了，待業在家，再來抱怨又有什麼用？自己不去改變，只要求別人來欣賞你、看重你、聘請你，那是不可能的。自己要先看好自己、改變自己，勇敢地把自己推銷出去，展現自我企圖心與熱情，才會被別人看見呀！

Motto

人生必勝錦囊

❶成功，是由許多失敗所組合而成的；人要承擔失敗，也要感謝失敗。

❷「成功，往往來自關鍵性的失敗。」（林百里）

❸挫折與失敗，是人生最好的老師；逆轉勝、反敗為勝，是多麼棒啊！

求職第 18 堂課

勇敢開口請教，多談對方專長

年輕人，覺得刺青是好玩、是流行，
認為在身上刺些圖案很酷、很有個性、無所謂；
但，或許在別人的眼光中，卻不是如此認為啊！
別人都在打量我們，也在給我們嚴苛地打分數，
想找到好工作，就要嘴角往上，露出笑臉，
同時，要徹底去除浪蕩的壞習慣……

藍先生，是高屏地區統聯客運的遊覽部主任，也負責新進員工招募和訓練。藍主任是我的讀者，也是我演講的聽眾；當他知道某日我會搭高鐵到高雄商職演講時，就主動開口對我說：

「戴老師，我不知道有沒有這份榮幸，到高鐵站去接你，再載你到雄商去演講？我家就住在左營高鐵站附近，而且你來的那一天，剛好我休假……」

藍主任態度十分客氣、誠懇，我也就麻煩他來高鐵站接我。

下了左營高鐵，上了藍主任的車，我才知道他和我年紀相同，都是「屬豬」的。平常，我喜歡和對方談「他的工作」，所以，我們就聊到了客運與司機這行業的事。

「我們應徵司機，並沒有學歷的限制，但最重要的是，不能有前科紀錄，而且，對人的態度要好；客運是服務業，一個人老是臭著臉，不會笑，怎麼會對客人好呢？……新進人員一來，我就示範給他們看，要幫客人拿行李，嘴巴要甜，要會打招呼、問好！」藍先生一邊開車，一邊跟我聊天。

「我們做客運這行，就是要給客人『三好』！什麼是『三好』呢？

一、『**好色**』。要給客人好臉色。客人是我們薪水的來源，我們不給客人好臉色、不幫人家拿行李，人家以後怎麼要選搭我們的車？

二、『**好睡**』。司機開車換檔時，動作要輕，不能太粗魯；也不能急剎車，嚇到客人！我們開車要平穩，讓客人好好睡一下，下了車好去辦事；只要給客人好睡，他們就不會來找司機的麻煩。」

哇，藍主任說話不疾不徐，也真是有見地。那第三個好是什麼？

藍主任繼續說下去：「三、就是『**好看**』。事先把車上的視聽設備檢查好，方便客人上車時，可以選看車上的影視節目，即使不睡覺，也能心情愉快地看影片。」

藍主任是資深的員工，也是老闆器重的主管；他開過多年的車，但也必須負責新員工的招聘。藍主任說，曾經有一個三十多歲的男人來應徵，

▲ 笑臉，會招徠人氣，讓別人對自己的好感度，無限攀升。

他的駕駛技術和經驗都不錯，可是，在面談的時候，被老闆刷了下來。為什麼？老闆跟藍主任說：「請他回去，叫老婆拿一根針，把他的嘴角縫一下，拉到耳垂旁邊，這樣才可以……這個人都不笑，怎麼當客運司機？怎麼微笑服務乘客？」

哈，這說法真有意思！藍主任又對我說：「我們老闆有個原則，就是絕不聘用身上有刺青的人。因為我們做的是服務業，如果客人一上車，看到司機手臂上刺了一隻老虎或豹，人家會怎麼想？當然心裡會害怕呀！」

「可是，如果刺青是刺在看不到的地方呢？」我好奇的問。

「若是男生來應徵，我都會先詢問他，身上有沒有刺青？可不可以掀開讓我看一下？有刺青，我們老闆規定，絕對不予錄取；刺在衣服內的，不管是身體或大腿，也不行……」

藍主任開車很平穩，不知不覺間，車子已經到了雄商門口，但我聽得津津有味，很有意思，於是就對他說：「和校方約在校門口的時間，還有八分鐘，我們繞一下再回來，我想再多聽你講刺青的事。」

於是，藍主任的車繼續開，也娓娓說道：「我記得，有個年輕人來應徵司機，他的左手背上刺了一個字，我對他說：『很抱歉，你的左手背上有刺青，按照規定，我們不能錄取你……』這個年輕人態度很好，很有禮貌，也很希望找到工作，可是礙於公司的規定，我也愛莫能助……」

藍主任接著又說：「過了三個星期，這個年輕人又來找我，我對他說：『不是已經跟你說過，不能錄取你嗎？』可是，這年輕人伸出左手，解開手背上的紗布，我看到愣了一下，因為他手背上的小刺青變模糊、紅腫，也有點潰爛……

「這年輕人對我說：『主任，我沒什麼錢，不能去找人用雷射除掉刺青……我只能自己用香煙頭，一直去燙我的左手背，想把刺青燙掉……現在，燙得差不多了，刺青看不太出來了，拜託請你錄取我，好不好？……』

「你知道嗎，戴老師，我聽他這麼一說，心裡好難過啊！看到這個年輕人，一直用香煙頭去燙手背上的刺青，一定好痛、好痛……可是，礙於公司規定，我沒有辦法錄用他，因為他先前在我們公司已經有記錄了……真的是很遺憾！」

「那有女生來應徵的嗎？」我又問。

「有啊，我們招募售票員時，就有一個女生，人長得很不錯，嘴巴也很甜，很適合售票員的工作。可是，當我提到『身上不能有刺青』時，我發現到她臉色有些不安。當我走出去一下，又再進來時，我就發現到——她的右腳踝上，刺了一朵玫瑰……我於是對她說：『妳的腳上有刺青，很抱歉，我們公司無法錄用妳！』」

別人都在給我們嚴苛地打分數

這趟溫馨接送緣，聽到藍主任講了這些故事，讓我感觸良多。當然，身上有刺青，不表示這個人很壞、很不好；但他們老闆強調：「我們是服務業，我們必須有好的形象，不能讓客人心裡產生不安。」刺青，雖然是個人的行為，但他們公司的規定，就是不予錄用。

這件事也讓我想起，以前我在電視台當記者時，曾多次採訪監獄裡的受刑人，有司法監獄，也有軍事監獄；有些受刑人身上，全身刺滿了龍的圖案，或是其他圖騰，可是，在受訪時，有受刑人對我說：「看到人家身體白白的，自己身上刺了一堆刺青，真的好後悔噢……」

年輕人，覺得刺青是好玩、是流行，認為在身上刺些圖案很酷、很有個性、無所謂；但，或許在別人的眼光中，卻不是如此認為啊！而其他的抽煙、喝酒、吸安非他命、大麻，或愛打牌……許多不好的習慣，不要沾，是最好；若有此壞習慣，戒吧，趕快戒吧！

想找到好工作，就要去除浪蕩的壞習慣。因為，別人都在打量我們，也在給我們嚴苛地打分數啊！

你可以這樣做

1 和剛認識的人交談，不要一直談自己，而要試著「談對方專長的事」。

自己的事，我們都很了解，卻不太了解對方的事；所以，要主動發問，請教對方的專長，讓對方能侃侃而談，把他的專業和祕辛，說出來和自己分享。就像這篇文章，就是開口請教，才能使對方說出許多我過去完全沒有想到、有關刺青的事。因此，「勇敢開口，虛心請教」，我們就能學習到許多企業行規與他人的智慧啊！

2 應徵工作時，記得一定要拿出自信，並且面帶微笑。

平常要多對著鏡子練習，嘴角一定要往上，露出七齒笑臉。當然，不要拿針把嘴巴縫拉到耳垂旁邊，但請記得——「對人微笑，是最便宜的投資！」對人微笑，不用花錢，但別人一定會對我們有更好的評價。

3

若想在面對大眾的服務業工作，最好不要去刺青。有些老闆有特殊規定，我們不能說：「幹嘛有這麼無聊的規定？」因為，站在企業文化的立場，老闆自有其考量。而且，一時興起，在自己身上刺青，刺上圖案、刺上愛人的名字，也刺上海誓山盟，萬一哪天你的感情生變、破裂了，你想把愛人的名字除去，那又是很麻煩的一件事。

所以，千萬別讓一時的好玩或壞習慣誤了一生啊！

Motto

人生必勝錦囊

❶「不貪財、不失信、不自是，有此三者，自然鬼伏神欽，到處人皆敬重。」（曾國藩）

❷穿著、儀態、談吐、守時都很重要，要讓自己在人際互動中，「贏在第一印象」。

求職第 19 堂課

儀容端莊有禮貌，比成績還重要

養成約會早到的好習慣

懶人，容易誤事；不用心，也會壞了大事。

懶人，只要遲到、誤時，都會有藉口、理由和辯詞。

當我們的心看重某一些事情，

提早出發、提前到達，就不緊張，

心情就比較從容、篤定，也才不會誤事啊！

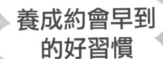

股神巴菲特有個五十年好友，名叫查理・蒙格（Charles Manger）；他們兩人是同鄉，兩家人住得很近，卻不認識對方。

不過，他們小時候都曾經在巴菲特爺爺開的雜貨舖當過小學徒，也都被要求──「工作勤奮，做事精確，言出必行，準時不拖延，工作時間長……」因此，長大後，工作上若遇到挫折、不順心，也都能從容應對。

蒙格老先生已八十七歲，比巴菲特大六歲，他幫巴菲特戒掉投資人貪心、撿便宜、短視的壞習慣，讓巴菲特成為全球首屈一指的股神，也是巴菲特五十年來最重要的「智慧合夥人」。

每次只要巴菲特在事業上碰到難題時，都會主動請教蒙格先生，來幫助自己度過難關。

堅持約會早到的人

《商業周刊》曾經報導，蒙格的忘年之交李彔，說過一個與蒙格吃早餐的故事——

他們約定早上七點半在餐廳見面、吃早餐；當李彔依約準時抵達餐廳，蒙格已看完報紙，在那兒坐定等他。

第二次再約吃早餐，李彔特別提早十五分鐘到，蒙格仍是老僧入定地在座位上看報紙。

咦，蒙格怎麼都這麼早？李彔不信邪，第三次見面時，提早半小時到達，只見蒙格依然像個雕像一樣，坐在椅子上看報、等他。

怪了，蒙格老先生都這麼早來啊？第四次約會見面，李彔心一橫，提早一個小時，在六點半到達餐廳；終於看見蒙格在六點四十五分時，踏著輕快、愉悅的步伐進來。

李彔在報導中說：「以後我們再約見面，我們都會提早到達，各拿一份報紙，互不打擾，等時間一到，我們再一起吃早餐、聊天。」

哈，這真有意思！「堅持約會早到」，是一個做人做事的好習慣。而且，「用心提早出發，就可以提前到達」，不是嗎？

▲ 提早出發，提前到達，好運氣才不會偷偷溜走。

不是要「準時到」，而是要「提前到」

曾有個年輕人到新竹科學園區找工作時，從台中坐高鐵出發，一上了車，就開始睡覺，沒想到一醒來時，人都已經快到台北了！

天啊，該怎麼辦？睡得太熟了，新竹站已經過去，求職面試的時間也絕對會遲到，來不及了。他，急得滿頭大汗，但急也沒有用，誰叫自己太大意，睡得太香了！

求職的時候，要用心提前到達會場，好整以暇，服裝儀容整齊，態度從容；如果遲到，或匆忙地趕到，滿頭大汗，緊張到講話結巴，怎會讓評審有好的印象呢？

所以，懶人，容易誤事；不用心，也會壞了大事。

懶人，只要遲到、誤時，都會有藉口、理由和辯詞；但，總歸一句話，就是不用心、不認真、太隨便。

約會，要「提前到」，而不是「準時到」。尤其，工作上談正事的見面，

就要像本文中提到的，蒙格老先生和李彔的約會好習慣——成為一個「堅持約會早到的人」。

服裝儀容要「乾淨、整齊、得體」

除了面談必須準時之外，求職者給別人的第一印象，一定要「乾淨、整齊、得體」。

有些男性求職者穿著沒有燙的縐襯衫，也有女性穿著綻線的絲襪，就去面談、考試；尤其是考空服員，每批十名考生一字排開，站在講台上，大家的穿著、儀態一目了然，一下子就可以看出哪些人會被淘汰。

「心在哪裡，行動力就在那裡。」

「凡事要贏在別人的第一印象。」

演講，是我的主要工作之一，這是我生命中很重要的事情，所以我告訴自己，絕不能遲到，絕不能讓聽眾等我。我的每一場演講總是設定——

必須提早半小時到達會場，重大演講，更要提前一小時抵達。

當我們的心看重某一些事情，提早出發、提前到達，就不緊張，心情就比較從容、篤定，也才不會誤事啊！

所以，「第一印象很重要」，求職時，千萬別遲到，必須提早到；服裝儀容要乾淨、整齊；一開口講話，最好在二、三十秒鐘之內，就要吸引主試官和評審的目光，這樣，你就一定會受到青睞和肯定。

你可以這樣做

1 養成「提早出發，提前到達」的好習慣。台北教育大學開了一堂「職場生存學」，教室裡特地購置了一個打卡鐘，模擬公司或企業遲到就扣薪水的方式，每個學生都要打卡，遲到一分鐘，總成績就「扣兩分」，因為，職場就是這麼殘酷啊！教授說，這門課的「打卡扣分制」是玩真的，準時出席是職場生存的基礎；「當你有一天，遲到了、延誤了工作、誤掉了一筆生意，你跟老闆、客戶道歉，有用嗎？沒有用啊！」

2

儀容整潔端莊，對人有禮貌，比成績還重要。在職場中，比的不是「在校成績、考試成績、托福成績……」，而是比你的「做事態度」和「人緣基金」。一個人如果經常遲到、早退，服裝儀容不整，對人冷漠、沒有人緣，怎麼會受人歡迎？怎麼會受主管肯定？所以，在面談時，看到工友、警衛，你也要客氣、禮貌地打招呼；因為誰知道，穿著普通、看似工友的人，不會是董事長呢？他也正在給你打分數啊！

3

多與成功的人交朋友，多向成功的人學習，以他們為榜樣。成功的人，一定有其特殊的地方，就像本文中蒙格老先生和李彔的故事，這是過去《商業周刊》的一篇報導，我們不能看完文章就丟掉，而是要將它剪下來歸檔，做為自己學習的好榜樣。所以，想成功，就要有好習慣，而且，「好習慣，都是從不習慣開始的。」

Motto

人生必勝錦囊

❶「當墓地裡最有錢的人，對我並不重要；每天晚上睡覺前，我可以說『今天做了很棒的事』，那才是最重要的。」（史蒂夫・賈伯斯）

❷「有的人活著，他已經死了；有的人死了，他卻還活著。」人是活、是死，是否活出精采，都要靠自己創造。

❸低階的人力，永遠不缺人。你要當「人才」，不要當「人力」。

求職第

20堂課

避免愛搶話、愛打斷別人的話

說話是一種習慣，

常在公開場合中稱讚他人、肯定他人，

就會受人歡迎；

相反地，常不自覺地批評他人、否定他人，

就會遭來反感與不悅。

前一陣子，我受邀到某一社團演講，這社團的成員，都是各中小企業的老闆，尤其是坐在最前面一排的夫妻，主持人尊稱先生是這個團體的總監，表示他是德高望重的人物。

在演講中，我提到台灣北部有個「桃園縣」，可是南部有個「桃源鄉」；因為曾有一名女讀者寫信給我，說她是桃源鄉的人。不過，我在演講中一時口誤，說成「台北縣有個桃園縣」……

這時，坐最前排那名總監馬上大聲說：「台北縣哪有桃園縣？……」而坐在總監旁邊的夫人則拉先生的手說：「人家的意思是台灣北部啦……」

此時，我才發現自己講得太快，一時口誤，講錯了，趕快說聲抱歉，但現場的氣氛頓時有些尷尬。

後來演講繼續進行。我面對社團的成員，加上夫人、寶眷和友人，約一百多人，盡量分享我的人生故事和經驗；說實在的，當天現場的氣氛很不錯，笑聲四起。

在演講的後半段，我提及在某高職的演講會中，曾有一男學生勇敢舉手，站到台上，面對全校師生說：「今天，聽了戴老師的演講，我很感動；以後，我要當一隻燕子，不要當一隻鴿子……」

這時，我就問全場聽眾，「燕子」和「鴿子」有何不同？為什麼這名高職的男生要說，他想當燕子，不要當鴿子？

我先問了其中某一社員，但他說：「我對鳥類不太了解，平常我不玩鳥……」大家聽了哈哈大笑。

也有一社員大聲說：「沒有人會吃燕子，但鴿子會被人烤來吃！」這話一出，全場又是一陣笑聲。

此時，會場後面一中年太太突然大聲說：「因為燕子會自己築巢，但鴿子不會自己築巢。」

我一聽，哇，太棒了，答對了！

「大家給這位漂亮小姐掌聲！」我站在台上說：「燕子會為自己築巢、

蓋房子，但是鴿子都是被人養的，牠不會為自己築巢、蓋房子……」

我這話才一說完，坐在前面第一排、那名德高望重的總監又說話了。他當著所有人的面，嚴肅、直接地對著我說：「你以後不要再這樣說，鴿子哪裡不會自己築巢？……我就看過很多野生的鴿子會自己築巢，你這樣說是不對的……」

總監的話一出，現場氣氛又突然凝住，我也愣了一下……趕緊接著說：「謝謝您！我是說，一般我們看到的鴿子，多半都是被人家養在屋頂，或許有些野生鴿子會自己築巢也不一定。不過，基本上我們平常看到的燕子都會自己築巢；但一般所看到的鴿子，絕大部分都是被人家飼養的……」

揚善於公堂，規過於私室

有些人的個性很直，嘴巴也快言快語，一聽到與自己想法不同的話語，馬上脫口而出，不管是在私底下，或是在公開的場合；可是這樣的快言快

▲ 我相信，主動釋出善意，給犯錯的人留一片地，是給彼此更大的空間。

語，不論內容是對或錯，都有可能造成別人的尷尬。

古人說：「揚善於公堂，規過於私室。」對於別人的好或優點，要在公開的場合來稱讚別人；可是對於別人的不對，或是別人的小錯誤，則不要公開指責，而是要在私底下溝通、規勸，才不會造成別人的難堪。

也有一次，在演講結束後，一年輕男生在簽書會時遞了一張紙條給我，當時我沒時間看；簽完名之後，我拿出那張紙條，上面寫著：「戴老師：您播映的影片字幕中，『蕩』漾是錯字，應該是『盪漾』才對。」

當時，一時之間我也混淆了，「蕩漾」應該沒錯啊！怎麼會是「盪漾」？後來查字典，似乎「蕩」和「盪」都有人用，都沒啥錯。

這也提醒我，在糾正別人之前，一定要確定所要講的話，是否絕對正確？否則，糾正別人，到後來卻發現是自己錯了，多尷尬啊！還好，他不是公開地糾正別人，而是私下用紙條遞出。

別在公開場合，糾正別人的錯誤

我有個朋友在學校當老師，她說，年輕時，她剛到某一學校任教。一天，教務主任開心地寫了一副對聯，貼在辦公室門口。

這主任的書法，是全校公認最漂亮的，所以當他在貼對聯時，好多老師都圍在一旁拍手、鼓掌，紛紛誇讚說：「主任的書法好漂亮哦！」

可是，這時這年輕女老師卻突然大聲說：「主任，你那個『寬』字寫錯了，你少點了一點。我們班有個男生叫基寬，我記得很清楚，『寬』這個字一定要有一點……」

女老師回憶說，當時那主任臉色很難看，但他還是把對聯貼上去了。最後的結果是，「寬」字也沒改，沒多點上一點，從此主任對她就變得很冷漠，也不太和她說話。

「當時，我真不應該當眾講那些話。」這位女老師懊悔地說。但是，話說出去也收不回來了。

說話，要看場合；公開批評、糾正別人，或許講的內容是正確的，但也可能會讓別人感覺難堪，心裡產生不愉快。

所以，盡量不要在公開場合糾正別人；私下請教、討論和建議，被糾正的人一定會心存感激。

你可以這樣做

1 **要避免在公開場合中，當眾批評、糾正別人。**每個人都有「自尊需求」，都不喜歡在公開場合被別人糾正，或批評其錯誤。因為，被公開指責或糾正，自我尊嚴感就會不見，就無法得到滿足。所以，說話是一種習慣，常在公開場合稱讚他人、肯定他人，就會受人歡迎；相反地，常不自覺地批評他人、否定他人，就會遭來反感與不悅。

2 求職面談時，不要嚴詞批評先前的老闆和主管。

每個人都有優點和缺點，包含過去的老闆和主管，甚至是自己。只是，我們常看到別人的缺點，而看不到自己的缺點；我們常會「放大別人的缺點，而縮小自己的缺點」。因此，在面談時，記得多說過去老闆、主管、老師的好話，也多說從他們身上學到哪些東西，讓你收穫甚多；盡量不要一直批評過去老闆、主管、學校、老師……的不好。因為，愛批評、說人是非的人，一定不會受到歡迎。

3 在求職面談時，切記——「不要愛搶話」、「不要打斷主試官的話」。

有些人習慣性地喜歡搶話，或打斷別人話頭，而爭著說話；其實，這是一種負面的說話習慣，也會讓對方感覺不受尊重、心裡不舒服。面談，不是在辯論或爭論，所以必須尊重主試者，千萬不要一聽到「與自己想法不同的話」時，就搶著插話，或打斷對方的話。所以，請記得——

「不要急著說、不要搶著說，而是要想著說。」

「愛說話的人，不一定會說話。」

「愛搶著說話的人，一定沒有時間思考。」

Motto

人生必勝錦囊

❶ 什麼是Power Point？就是你講話的內容要說得有「力量（Power）」，也要有「觀點（Point）」，才會精采，才有說服力。

❷ 當你勸告別人時，若不顧及他的自尊心，那麼，再好的善意和言語，都是沒有用的。

❸ 私下提意見、討論，叫做「溝通」；當眾糾正、質問，叫做「拆台」。

Dr.Dai 開習題 ④

Exercise

你是否握有一本「人脈存摺」，隨時站出去都能獲得響應？

- 求學至今，你和多少老師、學長姊、同學還保持聯絡？
- 當你看到別人成功，會主動去分析他們的成功之道嗎？

請列出身邊最值得學習的師長、前輩名單，至少二十個人以上，經常主動請教、噓寒問暖，逢年過節時，也不忘寄張卡片、傳簡訊，維持彼此長久的情誼。

推銷自己，要自信、微笑。要儀容端莊、對人有禮貌，表現出對成功的飢渴；也請選定五位傑出、成功人士，主動訪談並和他們交朋友，學習成功者的優點。

國家圖書館出版品預行編目資料

這樣做，保證你有好工作：求職必勝的20堂課 ／
戴晨志著. -- 初版. -- 臺北市：商周出版：
家庭傳媒城邦分公司發行， 2012.01
面； 公分. -- (ViewPoint；49)
ISBN 978-986-272-100-1(平裝)

1.就業 2.職場成功法

542.77 100027053

ViewPoint49

這樣做，保證你有好工作 —— 求職必勝的20堂課

作　　者／戴晨志
內頁插畫／吳嘉偉
企畫選書／黃靖卉
責任編輯／林淑華

版　　權／林心紅、翁靜如、葉立芳
行銷業務／林詩富、葉彥希
總 編 輯／黃靖卉
總 經 理／彭之琬
發 行 人／何飛鵬
法律顧問／台英國際商務法律事務所羅明通律師
出　　版／商周出版
台北市104民生東路二段141號9樓
電話：(02) 25007008 傳真：(02)25007759
E-mail：bwp.service@cite.com.tw
發　　行／英屬蓋曼群島商家庭傳媒股份有限公司城邦分公司
台北市中山區民生東路二段141號2樓
書虫客服服務專線：02-25007718；25007719
服務時間：週一至週五上午09:30-12:00；下午13:30-17:00
24小時傳真專線：02-25001990；25001991
劃撥帳號：19863813；戶名：書虫股份有限公司
讀者服務信箱：service@readingclub.com.tw
城邦讀書花園 www.cite.com.tw
香港發行所／城邦（香港）出版集團
香港灣仔軒尼詩道235號3樓_ E-mail：hkcite@biznetvigator.com
電話：(852) 25086231 傳真：(852) 25789337
馬新發行所／城邦（馬新）出版集團【Cite (M) Sdn. Bhd. (458372U)】
11, Jalan 30D/146, Desa Tasik, Sungai Besi,
57000 Kuala Lumpur, Malaysia
電話：(603) 90563833 傳真：(603) 90562833

封面設計／行者創意
版面設計／行者創意
內頁排版／劉同和
印　　刷／前進彩藝有限公司
總 經 銷／聯合發行股份有限公司 電話：(02) 29178022 傳真：(02) 29156275

■2012年1月16日初版
Printed in Taiwan

定價260元

城邦讀書花園
www.cite.com.tw

 ISBN 978-986-272-100-1

商周出版

廣 告 回 函
北區郵政管理登記證
北臺字第000791號
郵資已付，免貼郵票

104 台北市民生東路二段141號2樓

英屬蓋曼群島商家庭傳媒股份有限公司城邦分公司 收

請沿虛線對摺，謝謝！

商周出版

書號：**BU3049** 書名：這樣做，保證你有好工作 編碼：

請於此處用膠水黏貼

商周出版

讀者回函卡

謝謝您購買我們出版的書籍！請費心填寫此回函卡，我們將不定期寄上城邦集團最新的出版訊息。

姓名：______ 性別：□男 □女

生日：西元______年______月______日

地址：______

聯絡電話：______ 傳真：______

E-mail：______

職業：□1.學生 □2.軍公教 □3.服務 □4.金融 □5.製造 □6.資訊 □7.傳播 □8.自由業 □9.農漁牧 □10.家管 □11.退休 □12.其他______

您從何種方式得知本書消息？

□1.書店□2.網路□3.報紙□4.雜誌□5.廣播 □6.電視 □7.親友推薦 □8.其他______

您通常以何種方式購書？

□1.書店□2.網路□3.傳真訂購□4.郵局劃撥 □5.其他______

您喜歡閱讀哪些類別的書籍？

□1.財經商業□2.自然科學 □3.歷史□4.法律□5.文學□6.休閒旅遊□7.小說□8.人物傳記 □9.生活、勵志□10.其他______

請您寫下閱讀本書的心得、建議或想對戴老師說的話：

請於此處用膠水黏貼